Ron Martinez
Patricia Peterle
Andrea Santurbano

Como dizer tudo em italiano
EM VIAGENS

FALE A COISA CERTA EM QUALQUER SITUAÇÃO DE VIAGEM

ALTA B
EDIT
Rio de Janei

Como dizer tudo em italiano em viagens
Copyright © 2018 da Starlin Alta Editora e Consultoria Eireli. ISBN: 978-85-508-0343-2

Todos os direitos estão reservados e protegidos por Lei. Nenhuma parte deste livro, sem autorização prévia por escrito da editora, poderá ser reproduzida ou transmitida. A violação dos Direitos Autorais é crime estabelecido na Lei nº 9.610/98 e com punição de acordo com o artigo 184 do Código Penal.

A editora não se responsabiliza pelo conteúdo da obra, formulada exclusivamente pelo(s) autor(es).

Marcas Registradas: Todos os termos mencionados e reconhecidos como Marca Registrada e/ou Comercial são de responsabilidade de seus proprietários. A editora informa não estar associada a nenhum produto e/ou fornecedor apresentado no livro.

Impresso no Brasil.

Obra disponível para venda corporativa e/ou personalizada. Para mais informações, fale com projetos@altabooks.com.br

---

Editoração Eletrônica
Estúdio Castellani

Revisão
Andréa Campos | Jussar Bivar | Ivone Teixeira

Produção Editorial
LTC Livros Tec. Cientif. Editora Ltda – CNPJ: 33.829.698/0007-05

Erratas e arquivos de apoio: No site da editora relatamos, com a devida correção, qualquer erro encontrado em nossos livros, bem como disponibilizamos arquivos de apoio se aplicáveis à obra em questão.

Acesse o site www.altabooks.com.br e procure pelo título do livro desejado para ter acesso às erratas, aos arquivos de apoio e/ou a outros conteúdos aplicáveis à obra.

Suporte Técnico: A obra é comercializada na forma em que está, sem direito a suporte técnico ou orientação pessoal/exclusiva ao leitor.

A editora não se responsabiliza pela manutenção, atualização e idioma dos sites referidos pelos autores nesta obra.

CIP-Brasil. Catalogação na fonte
Sindicato Nacional dos Editores de Livros, RJ

M337c	Martinez, Ron Como dizer tudo em italiano em viagens: fale a coisa certa em qualquer situação de viagem/Ron Martinez, Patricia Peterle, Andrea Santurbano. - Rio de Janeiro: Alta Books, 2018 Apêndice ISBN: 978-85-508-0343-2 1. Língua italiana - Conversação e frases. 2. Língua francesa - Compêndios para estrangeiros - Português. I. Peterle, Patricia II. Santurbano, Andrea. III. Título. IV. Série
7-0313.	CDD: 458.24 CDU: 811.131.1'243

Rua Viúva Cláudio, 291 — Bairro Industrial do Jacaré
CEP: 20970-031 — Rio de Janeiro - RJ
Tels.: (21) 3278-8069 / 3278-8419
www.altabooks.com.br — altabooks@altabooks.com.br
www.facebook.com/altabooks

"Viaggiare è una scuola di umiltà, fa toccare con mano i limiti della propria comprensione, la precarietà degli schemi e degli strumenti con cui una persona o una cultura presumono di capire o giudicano un'altra."

"Viajar é uma escola de humildade, nos faz tocar com as mãos os limites de nossa compreensão, a precariedade dos esquemas e dos instrumentos com que uma pessoa ou uma cultura acreditam entender ou julgam outra."

(Claudio Magris, L'infinito viaggiare)

Agradecemos aos nossos pais que nos deram sempre a oportunidade de viajar.

Prefácio
Prefazione

Partimos de uma consideração básica: sem dúvida, o Brasil e a Itália são países que se parecem sob muitos aspectos. Basta pensar na imensa comunidade de oriundos italianos no Brasil, que gira em torno de 30 milhões, para ter uma ideia dos estreitos vínculos culturais. Mas, dito isto, é bom sair dos estereótipos e não cair em fáceis equações, achando que oriundos de três ou quatro gerações podem ainda representar a Itália contemporânea. Itália contemporânea que, por sua vez, não é homogênea, mudando de uma cidade para outra, de uma região para outra, segundo a lei inversa do hemisfério boreal, que vê a zona norte mais rica e, consequentemente, com mais serviços e recursos do que a do sul. No entanto, uma possível e mais verossimilhante comparação da *média* da sociedade italiana atual, em termos de hábitos sociais, culturais e até alimentares, pode ser feita com a classe *média* brasileira, como um observador interessado poderá constatar. Com efeito, viajar não significa apenas visitar lugares e monumentos; representa, sobretudo, uma extraordinária oportunidade de abrir os próprios "horizontes mentais" e se disponibilizar a conhecer mentalidades e costumes alheios: daqui o respeito e a tolerância, que tanto fazem falta nos dias de hoje. E isso diz respeito a qualquer país que você visite.

    Voltando à Itália e ao Brasil, há muitas qualidades e defeitos que os aproximam, não podendo, é claro, sempre escapar de generalizações. Começamos pelas leis e regras: não é que não existam ou sejam diferentes de outros países, mas a maneira de respeitá-las é diferente. Por exemplo, a tentativa de ser mais esperto para burlar a lei e o próximo faz com que se desrespeitem interdições, filas, meio ambiente etc.; tanto que, se, feliz ou infelizmente, existe um "jeitinho brasileiro", este pode achar uma alma gêmea no "jeitinho italiano". Em suma, uma instintiva generosidade e calor humanos que, porém, muitas vezes não se transformam em dever cívico, perseverando na pequena *expertise* individualista do dia-a-dia. Na Itália, costuma-se dizer frente à descoberta de atitudes comuns encontradas inesperadamente: "tutto il mondo è paese!", *o mundo todo é uma aldeia!* Assim, um brasileiro pode achar na Itália um *mundo-aldeia* bem próximo ao seu.

Ora, há diferenças: todos sabem, por exemplo, que fumar dentro dos shoppings no Brasil é geralmente proibido. Mas quantas vezes, numa praça de alimentação, cabeleireiro ou loja, você teve que engolir fumaça? Tudo isso, prestem atenção, até na Itália é rigorosamente proibido, em qualquer lugar público, de modo que alguns fumantes se consideram submetidos a uma verdadeira perseguição! É bom, portanto, prevenir sanções informando-se a cada situação de dúvida sobre as normas. Assim, a sociedade italiana é, no conjunto, mais formal do que a brasileira; aliás, a informalidade é uma característica única do povo verde-amarelo.

De qualquer forma, os viajantes ou turistas têm um privilégio: o de movimentar-se por lazer e não por necessidade. Sendo assim, a Itália não deixará de ser um país extraordinariamente gentil, hospitaleiro e sobretudo encantador, que conta com 70% do patrimônio artístico do mundo inteiro!

Verifique e fique com o direito de discordar deste breve prefácio, mas curta os lugares e as pessoas!

Buon viaggio
e buon divertimento!

Andrea Santurbano
Patricia Peterle

Sumário

1	**Introdução** Introduzione	**1**
2	**Sobrevivência** Sopravvivenza	**5**
	Doença	6
	O tempo exterior e o ambiente interior	7
3	**Viajando de avião** Viaggiando in aereo	**9**
	Alfândega	13
	Problemas com bagagem	13
	Glossário de Termos Comuns em Aeroportos e Voos (Italiano/Português)	15
	Glossário de Termos Comuns em Aeroportos e Voos (Português/Italiano)	21
4	**Táxis e outros meios de transporte** Taxi e altri mezzi di trasporto	**27**
5	**Viajando de trem** Viaggiando in treno	**29**
	Exemplo de passagem ferroviária	30
	Qual trem pegar?	31
6	**Alugando um carro** Noleggiando un'auto	**33**
	Algumas dicas sobre direção no exterior	34
	Estacionamento	34
	Abreviações de ruas	34
	No posto de gasolina	37
	Glossário de Direção (Italiano/Português)	38
	Glossário de Direção (Português/Italiano)	41
	Transporte público	43

7	**Hospedagem** Ospitalità	**47**
	Glossário de Termos Hoteleiros (Italiano/Português)	52
	Glossário de Termos Hoteleiros (Português/Italiano)	61
8	**Restaurantes** Ristoranti	**71**
	As escolhas mais comuns em um restaurante	72
	Como pedir um café	79
	Glossário para Entender um Cardápio em Italiano:	
	Os termos mais comuns	80
	Glossário de Alimentos (Português/Italiano)	104
9	**Vida noturna** Vita notturna	**115**
10	**Compras e serviços** Acquisti e servizi	**117**
	Termos frequentemente usados em vendas	117
	Glossário de Compras (Roupas e Acessórios)	123
	Roupas (Italiano/Português)	123
	Roupas (Português/Italiano)	125
	Acessórios e Perfumaria (Italiano/Português)	127
	Acessórios e Perfumaria (Português/Italiano)	129
	Atributos (Italiano/Português)	131
	Atributos (Português/Italiano)	135
	Calçados (Italiano/Português)	140
	Calçados (Português/Italiano)	141
	Partes de Roupa (Italiano/Português)	142
	Partes de Roupa (Português/Italiano)	142
	Caimento e Partes do Corpo (Italiano/Português)	143
	Caimento e Partes do Corpo (Português/Italiano)	143
11	**Entretenimento** Intrattenimento	**145**
12	**No cabeleireiro/salão** Dal parrucchiere/	
	Nel salone	**149**
	Glossário de Termos Usados em Salão de Beleza	151
	Cabelo (Italiano/Português)	151
	Cabelo (Português/Italiano)	152
	Depilação (Italiano/Português)	153
	Depilação (Português/Italiano)	154

13	**No banco** In banca	**155**
14	**Situações sociais** Situazioni sociali	**157**
	Coisas que se falam quando as pessoas se encontram	157
	Falando sobre uma viagem	160
	Combinando um lugar	164
	A biografia	164
	Chamadas telefônicas	167
	Compreendendo	171
	Paquerando	172
	Como dizer um endereço de e-mail em italiano	173
	Falando do seu italiano e de outros idiomas	173

APÊNDICE 1
Sintomas e doenças Sintomi e malattie   **175**

APÊNDICE 2
Achados e perdidos Oggetti trovati e smarriti   **177**

APÊNDICE 3
Ligando da Itália Chiamando dall'Italia   **179**

APÊNDICE 4
Meses, estações, dias, números e horas
Mesi, stagioni, giorni, numeri e ore   **181**

APÊNDICE 5
O Euro Euro   **185**

1 Introdução
Introduzione

Sua chave de comunicação no mundo

Você, leitor, que comprou este guia, com certeza não pretende se contentar em viajar para a Itália interagindo com gestos (neste caso, serviria um verdadeiro curso para dar conta do repertório gestual italiano) ou trocando alguma palavra em inglês (neste caso, passaria mal, porque bem poucos italianos o entenderiam).

Escolheu, ao contrário, ter uma ferramenta útil para falar um pouco da língua e, também, conhecer um pouco dos hábitos italianos, o que constitui a melhor abordagem para penetrar na cultura e tornar a sua viagem mais completa e enriquecedora.

Como *entender* tudo em italiano

Um dos aspectos que talvez faça este livro um pouco diferente dos seus antecessores (na série *Como dizer tudo*) é o fato de que, quando se viaja de férias a um lugar, geralmente se mistura menos com os nativos do que, por exemplo, durante uma viagem de negócios ou um programa de intercâmbio. Por isso, um dos grandes objetivos deste livro é conseguir que o leitor entenda as coisas ao seu redor, mais até do que conversar. Por exemplo, uma família que vai a Firenze falará em italiano, basicamente, na hora de entrar no país (alfândega), apanhar um táxi ou outro tipo de *transfer*, fazer o *check-in* no hotel, interagir com os atendentes em lojas e restaurantes e na hora de comprar ingressos. Consciente disso, este livro conta com glossários extensivos para poder entender mais do que falar. Com este livro em mãos, pode-se, por exemplo, usufruir das instalações dos hotéis e decifrar qualquer cardápio em italiano. É claro que as mesmas palavras e termos listados nos glossários poderão também ser usados em uma conversação, mas o objetivo principal do livro é, pelo menos, fazer com que o leitor se sinta confiante de que vai entender a linguagem mais frequentemente usada nos lugares mais visitados por pessoas nas viagens.

Os glossários

Poder prever as situações mais comuns em viagens (situações em aviões, restaurantes, hotéis e lojas) proporciona uma vantagem: a habilidade de prognosticar a linguagem mais provável naquelas situações.

Todos os glossários têm versões italiano-português e vice-versa. O objetivo do primeiro é facilitar o entendimento (um cardápio em um restaurante, um leque de opções dentro de hotel, serviços oferecidos em um cabeleireiro etc.), enquanto a opção português-italiano serve para, eventualmente, encontrar a palavra certa, na hora certa.

A seção 'Palavras-chave'

Esta seção serve para uma rápida consulta para entender (e falar) os termos cruciais em cada situação.

As ilustrações

Dizem que uma foto vale por mil palavras, e inspirados nesse conceito decidimos incluir algumas ilustrações neste livro, quando uma imagem pôde dispensar mil explicações.

Mais do que linguagem

Interagir em um ambiente e cultura diferentes dos seus apresenta um desafio para qualquer um, e o desafio vai além da linguagem. Um italiano, por exemplo, que chega ao Brasil tendo um bom domínio do português, mas que não sabe nada sobre o país, ao entrar em uma simples churrascaria vai se sentir perdido. Ele nunca terá visto nada igual: garçons carregando espetos de carne, plaquinhas nas mesas com "sim" ou "não", opção rodízio... enfim, ele não saberia nem por onde começar. É por isso que, ao longo do livro, oferecem-se dicas que vão além de conselhos linguísticos.

Notas linguísticas

Antes de consultar este guia, é oportuno considerar três aspectos linguísticos do italiano: o primeiro é que não se usa colocar o sujeito, a não ser para dar ênfase à frase ou quando isto se torna absolutamente necessário para a sua compreensão; o segundo é a presença no léxico do dia-a-dia de palavras estrangeiras, como por exemplo "check-in", "jeep", "computer", "travel cheque", que são portanto referidas como norma nos glossários aqui apresentados; o terceiro é o uso mais frequente do que no Brasil do tratamento formal pelo "lei" (pronome invariável, correspondente a *o senhor, a senhora*, em vez do "tu", *você*), pelo menos quando se fala com uma pessoa desconhecida que não seja particularmente jovem. É por isso que nos capítulos a seguir indica-se (inf.) para as frases informais e (f.) para as frases formais.

2 Sobrevivência
Sopravvivenza

Este capítulo destina-se a uma rápida consulta, contendo as frases mais importantes.

Lembre-se: na falta de linguagem, você ficaria surpreso de como um sorriso e uma atitude simpática podem levá-lo muito longe. Até porque um brasileiro na Itália é sempre bem recebido!

Você fala [português]?	**Parli (inf.)/Parla (f.) [portoghese]?**
Por favor, onde fica o banheiro?	**Per favore, dov'è il bagno?**
Bom (Boa) dia/tarde/noite.	**Buon giorno/ buon pomeriggio** [pouco usado]**/ buona sera** [tarde e noite].
Oi. / Olá.	**Ciao.**
Tchau.	**Ciao.**
Vocês aceitam cartões de crédito?	**Accettate carte di credito?**
Onde eu posso...?	**Dove posso...?**
Por favor, eu...	**Mi scusi, ...**
Eu preciso...	**Avrei bisogno di...**
Quanto é?	**Quant'è?**
Me desculpe, não entendi.	**Mi scusi, non ho capito.**
Você pode escrever isso para mim, por favor?	**Me lo può scrivere, per favore?**
Só um segundo, por favor.	**Solo un secondo, per favore.**
Obrigado.	**Grazie.**
De nada.	**Prego.**
Eu não falo italiano.	**Non parlo italiano.**

Eu venho do Brasil.	Vengo dal Brasile.
Eu sou brasileiro/a.	Sono brasiliano/a.
Você tem caneta?	Hai (inf.)/Ha (f.) una penna?
Preciso de um médico.	Ho bisogno di un dottore.

Doença — Malattia

Esta seção trata apenas de doenças menores. Em caso de emergência na Itália, é bom ligar para o número **118**.

Ver também Apêndice 1, na página 175.

Antes	**Prima**
Acho que estou pegando alguma coisa.	Credo che sto prendendo qualcosa.
Tem alguma coisa no ar.	C'è qualcosa nell'aria.
Acho que estou pegando um resfriado.	Credo che sto prendendo un raffreddore.
Estou tentando não pegar um resfriado.	Sto cercando di non prendere un raffreddore.
Você está bem?	Stai bene (inf.) / Sta (f.) bene?
Você não está com uma cara muito boa.	Non hai (inf.) / ha (f.) un aspetto molto buono.
Você está um pouco pálido/a.	Sei (inf.) / È (f.) un poco pallido/a.
Acho melhor você ir para casa.	È meglio che torni (inf. e f.) a casa.
Vá para casa e descanse.	Torna (inf.) / Torni (f.) a casa e riposati (inf.) / si riposi (f.).

Durante	**Durante**
Estou doente.	Sono malato.
Não estou me sentindo muito bem.	Non mi sto sentendo molto bene.
Estou com...	Ho...
Estou péssimo.	Mi sento uno straccio.
Soube que você não está se sentindo muito bem.	Ho saputo che non ti stai (inf.) / si sta (f.) sentendo molto bene.
Fiquei sabendo que você tem...	Ho saputo che hai (inf.) / ha (f.)...
Estou com dor de cabeça / de estômago.	Mi fa male la testa / la pancia.

Sobrevivência · 7

O que você tem?	Che cos'hai (inf.) / Che cos'ha (f.)?
Posso fazer alguma coisa?	Posso fare qualcosa?
O que você tem de fazer é...	Ciò che devi (inf.) / deve (f.) fare è...
A melhor coisa é...	La cosa migliore è...
Como você está?	Come stai (inf.) / sta (f.)?
Eu sei como você está se sentindo.	So come ti stai (inf.) / si sta (f.) sentendo.
Odeio isso.	**Questo lo odio.**
Posso imaginar como você está se sentindo.	Posso immaginare come ti stai (inf.) / si sta (f.) sentendo.
Pega leve.	Prendilo (inf.) / lo prenda (f.) alla leggera.
Só precisa descansar.	Devi (inf.) / deve (f.) riposare.
Espero que se sinta melhor.	Spero che ti (inf.) / si (f.) senta meglio.
Estimo suas melhoras. / Boas melhoras.	Ti (inf.) / Le (f.) faccio i miei auguri. Tanti auguri.
Se precisar de alguma coisa, é só me ligar.	Se hai (inf.) / ha (f.) bisogno di qualcosa chiamami (inf.) / mi chiami (f.).
Depois	**Dopo**
Você está se sentindo melhor?	Ti senti (inf.) / Si sente (f.) meglio?
Você está com uma cara melhor.	Hai (inf.) / Ha (f.) un aspetto migliore.
Que bom que você está se sentindo melhor.	Che bello che ti senti (inf.) / si sente (f.) meglio.

O tempo exterior e o ambiente interior
Il tempo esterno e l'ambiente interno

Como está frio hoje!	Com'è freddo oggi! / Che freddo che fa oggi!
Esquentou hoje! / Que calor!	Oggi fa caldo! / Che caldo!
Você está com frio?	Hai (inf.) / Ha (f.) freddo?
Você está com calor?	Hai (inf.) / Ha (f.) caldo?
Está chovendo.	Sta piovendo.

Está chovendo forte.	**Sta piovendo forte.**
Está garoando.	**Sta piovigginando.**
Está caindo chuva de granizo.	**Sta grandinando.**
Está nevando.	**Sta nevicando.**
Está abafado aqui.	**Non si respira qui.**
Está um frio de rachar.	**Fa un freddo cane.**
Está uma bagunça aqui.	**Qui è un casino.**

3 Viajando de avião
Viaggiando in aereo

O objetivo deste capítulo é ajudá-lo a se sentir preparado para os acontecimentos mais comuns antes, durante e depois de uma viagem aérea. Felizmente, existem várias situações previsíveis em quase todas as viagens de avião.

PALAVRAS-CHAVE	PAROLE-CHIAVE
atraso	ritardo
bagagem	bagaglio
bagagem de mão	bagaglio a mano
cartão de embarque	carta d'imbarco
conexão	connessione, coincidenza
corredor	corridoio
embarque	imbarco
escala	scalo
janela	finestrino
portão	uscita, porta
reserva	prenotazione
voo	volo
voo de/em conexão	volo di/in connessione, coincidenza

Mais termos importantes

Na página 15, há um glossário dos termos mais comuns usados em aeroportos e voos.

Nos diálogos a seguir, na tradução em italiano, optou-se por usar o tratamento formal por "lei".

Reservando um voo – Passageiro	Prenotando un volo – Passeggero
Oi, você tem algum voo para o Rio de Janeiro, partindo no dia 30 de abril, com volta para o dia 5 de maio?	Buon giorno, c'è un volo per Rio de Janeiro, che parta il 30 aprile, con ritorno il 5 maggio?
E saindo no dia 29?	E partendo il 29?
Qual é a companhia aérea?	Qual è la compagnia aerea?
Tem alguma coisa partindo [à noite]?	C'è un volo che parta [di sera]?
Quanto é a passagem?	Quanto costa il biglietto?
Você tem algo mais em conta?	Non ha qualcosa di più economico?
Tudo bem, vou fazer minha reserva para este voo.	Va bene, prenoto questo volo.

Reservando um voo – Agente	Prenotando un volo – Impiegato
Qual é a data de saída?	Qual è la data di partenza?
Saindo de?	Partenza da?
Saindo de [Milão] mesmo?	Partenza da [Milano] stessa?
E a data de chegada?	E la data d'arrivo?
Está viajando sozinho?	Viaggia da solo?
Me desculpe, mas não tenho nada para estes dias.	Mi dispiace, non ho nulla per questi giorni.
Você teria uma flexibilidade de data?	Le andrebbero bene altri giorni?
Talvez possa conseguir um lugar num voo que sai no dia 29.	Forse riesco a trovarle un posto su un volo che parte il 29.
Vou checar o sistema.	Verifico sul sistema.
Só um momento, por favor.	Un momento, per favore.
Você tem preferência de horário?	Ha preferenze di orario?
Você prefere de manhã, à tarde ou à noite?	Preferisce di mattina, di pomeriggio o di sera?
Sim, eu tenho um voo às 9 horas saindo de [Roma] no dia 30 de abril e retornando no dia 5 de maio.	Sì, ho un volo che parte alle 9 da [Roma] il 30 aprile e che torna il 5 maggio.
Você quer que eu reserve este para você?	Vuole che le prenoti questo?
Muito bem, só para confirmar...	Benissimo, solo per confermare...
Está tudo correto?	È tutto esatto?

O senhor vai pagar com cartão?	Il signore paga con la carta di credito?
Está certo, qual é o número do cartão? E a data de validade?	Va bene, qual è il numero della carta? E la data di scadenza?
Vou lhe dar o número de sua reserva. É...	Le do il numero della sua prenotazione. È...
Muito bem, posso segurar sua reserva por até 10 dias.	Benissimo, posso mantenere la sua prenotazione per 10 giorni.
Se houver qualquer cancelamento, é só ligar.	Se vuole annullare, basta chiamare.

Check-in no aeroporto – Agente / Check-in in aeroporto – Funzionario

Bom dia / Boa noite.	Buon giorno / Buona sera.
Passagem e passaporte, por favor.	Biglietto e passaporto, per favore.
Sinto muito, mas o voo está lotado.	Mi dispiace, ma il volo è tutto pieno.
Seu nome não consta na reserva deste voo.	Il suo nome non risulta tra le prenotazioni di questo volo.
Será que a reserva está com um nome diferente?	La prenotazione è per caso sotto altro nome?
Posso colocá-lo na lista de espera.	Posso metterla in lista d'attesa.
Qual é o seu destino final?	Qual è la sua destinazione finale?
Tem alguma mala para despachar?	Ha delle valigie da spedire?
Quantas malas está despachando?	Quante valigie spedisce?
Pode colocar suas malas na balança, por favor?	Può mettere le sue valigie sulla bilancia, per favore?
Infelizmente, passou do limite.	Mi dispiace, ha superato il limite.
Será computado como excesso.	Sarà calcolata la differenza.
Quantos passageiros estão viajando com você?	Quanti passeggeri viaggiano con lei?
Algum desconhecido lhe pediu que levasse alguma coisa?	Qualche sconosciuto le ha chiesto di portare qualcosa?
Você está em controle dos seus itens de viagem desde o momento em que fez as malas?	Ha tenuto i suoi oggetti di viaggio sotto controllo dal momento in cui ha fatto le valigie?
Foi você mesmo quem fez as malas?	Lei stesso ha fatto le valigie?
O senhor prefere janela ou corredor?	Preferisce finestrino o corridoio?
Muito bem, está tudo certo.	Benissimo, è tutto a posto.

Aqui está seu cartão de embarque.	Ecco la sua carta d'imbarco.
Seu portão de embarque é o [22].	La sua uscita d'imbarco è la [22].
O embarque tem início às [8:30].	L'imbarco ha inizio alle [8:30].
É melhor andar logo.	Vada subito!
O embarque já começou.	L'imbarco è già iniziato.
Boa viagem.	Buon viaggio!

Check-in no aeroporto – Passageiro / Check-in in aeroporto – Passeggero

Bom dia.	Buon giorno.
Você ainda tem algum lugar na janela/no corredor?	Ha ancora un posto accanto al finestrino/corridoio?
Tem alguma refeição a bordo?	Sono previsti dei pasti a bordo?
A que horas começa o embarque?	A che ora inizia l'imbarco?
Tenho de fazer outro embarque em [São Paulo]?	Devo fare un altro imbarco a [San Paolo]?
Minha bagagem teria que passar pelo check-in de novo?	Il mio bagaglio deve passare di nuovo per il check-in?
Qual é o portão?	Qual è l'uscita d'imbarco?
Onde fica o portão número [22]?	Dov'è l'uscita d'imbarco numero [22]?

Durante o voo / Durante il volo

Gostaria de me sentar junto com meu amigo.	Vorrei sedermi vicino al mio amico.
Gostaria de me sentar junto com minha família.	Vorrei sedermi vicino alla mia famiglia.
Com licença, mas acho que este é meu lugar.	Chiedo scusa, ma credo che questo sia il mio posto.
Eu poderia trocar de lugar?	Potrei cambiare posto?
Poderia me dar uma [água], por favor?	Mi porterebbe dell'[acqua], per favore?
Estes fones não estão funcionando.	Queste cuffie non funzionano.
Quanto tempo dura o voo?	Quanto tempo dura il volo?
Quanto tempo falta para chegar em [São Paulo]?	Quanto tempo manca per arrivare a [San Paolo]?
Qual é a diferença de fuso horário entre [São Paulo] e [Roma]?	Qual è la differenza di fuso orario tra [San Paolo] e [Roma]?
Qual é a hora local em [São Paulo]?	Qual è l'ora locale a [San Paolo]?

Alfândega — Dogana

Durante o voo, um formulário é distribuído a cada passageiro para ser preenchido e entregue na hora do desembarque às autoridades competentes.

Alfândega – Perguntas	Dogana – Domande
Tem algo a declarar?	Ha qualcosa da dichiarare?
Qual é o motivo de sua estadia em [Milão]?	Qual è il motivo del suo soggiorno a [Milano]?
Qual é o ramo de negócios?	Qual è il suo ramo di lavoro?
Seu [visto de trabalho], por favor.	Mi favorisce il suo [permesso di lavoro], per favore?
Quanto tempo pretende ficar?	Quanto tempo ha intenzione di restare?
Onde vai ficar?	Dove resterà?
Você sabe o endereço?	Sa l'indirizzo?
Alfândega – Respostas	**Dogana – Risposte**
Estou aqui a passeio/a trabalho/para uma conferência/visitando um amigo.	Sono qui in vacanza/per lavoro/per una conferenza/per visitare un amico.
Vou ficar [uma semana].	Resterò una settimana.
Vou ficar no [Hilton].	Starò all' [Hilton].
Vou ficar com [um amigo].	Resterò da [un amico].

Problemas com bagagem
Problemi con i bagagli

Na hora de efetuar o check-in no aeroporto, o agente emite um cartão de embarque e, junto, ele cola os comprovantes da bagagem despachada.

Nunca perca este documento (às vezes chamado de "tag"), pois sem ele será muito mais difícil localizar a sua bagagem em caso de extravio.

PALAVRAS-CHAVE	PAROLE-CHIAVE
bagagem	bagaglio
bagagem de mão	bagaglio a mano
bolsa	borsa
caixa	cassa
chegar	arrivare
comprovante	comprovante, tagliando
danificado	danneggiato
despachado	spedito
esteira	nastro
etiqueta	scontrino, etichetta
extraviado, perdido	perso
mala	valigia
pasta	borsa

Registrando perda de bagagem	**Registrando una perdita di bagaglio**
Acredito que a companhia tenha perdido minha bagagem.	Credo che la compagnia abbia perso il mio bagaglio.
Vou ficar no...	Resterò al...
Vou ficar com...	Resterò con...
Quanto tempo isso leva geralmente?	Quanto tempo richiede tutto ciò generalmente?
Eu vou precisar de roupas e outras coisas enquanto isso.	Nel frattempo avrò bisogno di vestiti ed altre cose.
Quanto vou receber para comprar [o que preciso] agora?	Quanto riceverò per comprare [quello di cui ho bisogno] adesso?
Isso é um transtorno mesmo.	È proprio una seccatura!
Quero falar com seu supervisor, por favor.	Voglio parlare con il responsabile, per favore.

Glossário de Termos Comuns em Aeroportos e Voos

Para entender o cardápio do serviço de bordo (e pedir em italiano), veja o glossário "Para entender um cardápio" na página 80.

Italiano	Português
a bordo	a bordo
abbassare (la luce)	diminuir (a luz)
accendere (la luce)	ligar, acender (a luz)
aereo	avião
aeronave	aeronave
aeroporto	aeroporto
agente di viaggio	agente de viagem
ala	asa
allacciare (la cintura)	afivelar (o cinto)
andata e ritorno	ida e volta
andata, di andata	ida, de ida
apparecchio	aparelho
appello	chamar pelo nome
area ristorazione	praça de alimentação
arrivi	chegadas
ascensore	elevador
aspettare	aguardar, esperar
atterraggio	pouso
atterrato	no solo
autorizzazione a partire	autorização de partida
bagaglio	bagagem
bagaglio a mano	bagagem de mão
bagno	banheiro
bancomat	caixa eletrônico
bibita	bebida

Glossário de Termos Comuns em Aeroportos e Voos

biglietto	passagem
biglietto elettronico	bilhete eletrônico
borsa	bolsa
braccio del sedile	braço da poltrona
breve percorrenza	trecho curto
buon viaggio!	boa viagem
buono	vale, *voucher*
cabina	cabine
cabina del comandante	cabine do comandante
caffè	café
cambio	câmbio
canale	canal
cappelliera, apposito scompartimento superiore	compartimento superior
carrello	carrinho
carta d'imbarco	cartão de embarque
cena	jantar
chiamata per l'imbarco	chamada de embarque
cintura di sicurezza	cinto de segurança
classe economica	classe econômica
colazione	café da manhã
comandante	comandante
commissario di bordo	comissário/a de bordo
compagnia aerea partner	empresa aérea parceira
con nausea	enjoado
controllo	controle
coperta	cobertor
corridoio	corredor
cuffie	fones de ouvido
cuscino	travesseiro

Glossário de Termos Comuns em Aeroportos e Voos

date indisponibili per volare (usando le miglia)	datas proibidas de voar (usando milhas)
decollo	decolar, decolagem
dichiarazione doganale	declaração alfandegária
diretto a, in direzione di	caminho a, de caminho a
documento con dichiarazione	documento com declaração
dogana	alfândega
durante il volo	durante o voo
emissione di biglietti aerei	emissão de passagens aéreas
equipaggio	tripulação
est	leste
estintore	extintor
etichetta, scontrino	etiqueta
facchino	carregador
fazzoletto umido	lenço úmido
fila	fileira
film	filme
finestrino	janela
flotta	frota
fusoliera	fuselagem
giubbotto di salvataggio	colete salva-vidas
gruppo	grupo
hall, atrio	saguão
imbarcare	embarcar
imbarco	embarque
imbarco immediato	embarque imediato
in orario	confirmado (no horário previsto de decolagem ou chegada)
in ritardo	atrasado
intrattenimento a bordo	entretenimento a bordo

Glossário de Termos Comuns em Aeroportos e Voos

iscritto al programma fedeltà	integrante de programa de fidelidade
lampada per leggere	lâmpada para leitura
linea di demarcazione	meio-fio
lista d'attesa	lista de espera
motore	motor
nastro	esteira
nastro dei bagagli	esteira de bagagem
nausea, mal d'aereo	enjoo
navetta, shuttle	micro-ônibus de serviço nos aeroportos
nazionale	doméstico
noleggio	aluguel
noleggiare un'auto	alugar um carro
non-stop, no stop	sem escalas
nord	norte
occupato	ocupado
omaggio, gratis	cortesia, grátis
orari	horários
ovest	oeste
pacchetto aereo	pacote aéreo
parcheggio	estacionamento
partenze	partidas
passare (alla dogana)	passar (pela alfândega)
passeggeri in connessione	passageiros em conexão
passeggero	passageiro
piano inferiore/di sotto	piso inferior
piano superiore/di sopra	piso superior
piano terra	piso térreo
ponte aereo	ponte aérea
porta bloccata	porta travada

Glossário de Termos Comuns em Aeroportos e Voos

posizione verticale (del sedile)	posição vertical (da poltrona)
posto assegnato	assento designado
posto, poltrona	assento, poltrona
pranzo	almoço
prenotazione	reserva
priorità	prioridade
rampa di accesso; scalette	rampa de acesso; escada para a aeronave
reclinare	reclinar
ritiro dei bagagli	restituição de bagagem área, de retirada da bagagem
rotta	rota
sala	sala
sala d'attesa	sala de espera
sala VIP	sala VIP
sbarcare	desembarcar
sbarco	desembarque
scala mobile	esteira (para pessoas)
scalo	escala
schermo, monitor	tela
scontrino, etichetta della valigia	etiqueta da mala
sedie a rotelle	cadeira de rodas
servizio a bordo	serviço de bordo
sicurezza	segurança
spazio aereo	espaço aéreo
spedire (bagaglio)	despachar (bagagem)
spegnere (la luce)	desligar, apagar (a luz)
sportello, banco	balcão
spuntino, snack	lanche
sud	sul

Glossário de Termos Comuns em Aeroportos e Voos

suolo	solo
tariffa	tarifa
tariffa aerea	tarifa aérea
tassa d'imbarco	taxa de embarque
tavolino pieghevole	mesinha na parte posterior ou no braço da poltrona
taxi	táxi
tempo che manca all'arrivo	tempo até o destino
tempo di volo, durata del volo	tempo de voo, duração de voo
the, tè	chá
toilette	toalete
trasferimento in hotel	transporte para o hotel
trasporto terrestre	transporte em solo
tratta	trecho
tutto pieno	superlotado
ultima chiamata	última chamada
uscita	saída
uscita di sicurezza	saída de emergência
uscita, porta	portão
valigia	mala
viaggio	viagem
visto	visto
volo	voo
volo di/in connessione, coincidenza	voo de/em conexão
volo notturno	voo noturno

Glossário de Termos Comuns em Aeroportos e Voos

Português — Italiano

Português	Italiano
a bordo	a bordo
aeronave	aeronave
aeroporto	aeroporto
afivelar (o cinto)	allacciare (la cintura)
agente de viagem	agente di viaggio
alfândega	dogana
almoço	pranzo
alugar um carro	noleggiare un'auto
aluguel	noleggio
aparelho	apparecchio
asa	ala
assento designado	posto assegnato
assento, poltrona	posto, poltrona
atrasado	in ritardo
autorização para partir	autorizzazione a partire
avião	aereo
bagagem	bagaglio
bagagem de mão	bagaglio a mano
balcão	sportello, banco
banheiro	bagno
bebida	bibita
bilhete eletrônico	biglietto elettronico
boa viagem	buon viaggio!
bolsa	borsa
braço da poltrona	braccio del sedile
cabine	cabina
cabine do comandante	cabina del comandante
cadeira de rodas	sedie a rotelle

Glossário de Termos Comuns em Aeroportos e Voos

café	caffè
café da manhã	colazione
caixa eletrônico	bancomat
câmbio	cambio
caminho a, de caminho a	diretto a, in direzione di
canal	canale
carregador	facchino
carrinho	carrello
cartão de embarque	carta d'imbarco
chá	the, tè
chamada de embarque	chiamata per l'imbarco
chamar pelo nome	appello
chegadas	arrivi
cinto de segurança	cintura di sicurezza
classe econômica	classe economica
cobertor	coperta
colete salva-vidas	giubbotto di salvataggio
comandante	comandante
comissário/a de bordo	commissario di bordo
compartimento superior	cappelliera, apposito scompartimento superiore
confirmado (no horário previsto de decolagem ou chegada)	in orario
controle	controllo
corredor	corridoio
cortesia, grátis	offerta, gratis
datas proibidas de voar (usando milhas)	date indisponibili per volare (usando le miglia)
declaração alfandegária	dichiarazione doganale
decolar, decolagem	decollo
desembarcar	sbarcare

Glossário de Termos Comuns em Aeroportos e Voos

desembarque	sbarco
desligar, apagar (a luz)	spegnere (la luce)
despachar (bagagem)	spedire (bagaglio)
diminuir (a luz)	abbassare (la luce)
documento com declaração	documento con dichiarazione
doméstico	nazionale
durante o voo	durante il volo
elevador	ascensore
embarcar	imbarcare
embarque	imbarco
embarque imediato	imbarco immediato
emissão de passagens aéreas	emissione di biglietti aerei
empresa aérea parceira	compagnia aerea partner
enjoado	con nausea
enjoo	nausea, mal d'aereo
entretenimento a bordo	intrattenimento a bordo
escala	scalo
espaço aéreo	spazio aereo
estacionamento	parcheggio
esteira	nastro
esteira (para pessoas)	scala mobile
esteira de bagagem	nastro dei bagagli
etiqueta	etichetta, scontrino
etiqueta da mala	scontrino/etichetta della valigia
extintor	estintore
fileira	fila
filme	film
fones de ouvido	cuffie
frota	flotta

Glossário de Termos Comuns em Aeroportos e Voos

fuselagem	fusoliera
grupo	gruppo
guardar	aspettare
horários	orari
ida e volta	andata e ritorno
ida, de ida	andata, di andata
integrante de programa de fidelidade	iscritto al programma fedeltà
janela	finestrino
jantar	cena
lâmpada para leitura	lampada per leggere
lanche	spuntino, snack
lenço úmido	fazzoletto umido
leste	est
ligar, acender (a luz)	accendere (la luce)
lista de espera	lista d'attesa
mala	valigia
meio-fio	linea di demarcazione
mesinha na parte posterior ou no braço da poltrona	tavolino pieghevole
micro-ônibus de serviço nos aeroportos	navetta, shuttle
motor	motore
no solo	atterrato
norte	nord
ocupado	occupato
oeste	ovest
pacote aéreo	pacchetto aereo
partidas	partenze
passageiro	passeggero
passageiros em conexão	passeggeri in connessione

Glossário de Termos Comuns em Aeroportos e Voos

passagem	biglietto
passar (pela alfândega)	passare (alla dogana)
piso inferior	piano inferiore/di sotto
piso superior	piano superiore/di sopra
piso térreo	piano terra
ponte aérea	ponte aereo
porta travada	porta bloccata
portão	uscita, porta
posição vertical (da poltrona)	posizione verticale (del sedile)
pouso	atterraggio
praça de alimentação	area ristorazione
prioridade	priorità
rampa de acesso; escada para a aeronave	rampa di accesso; scalette
reclinar	reclinare
reserva	prenotazione
restituição de bagagem área, de retirada da bagagem	ritiro dei bagagli
rota	rotta
saguão	hall, atrio
saída	uscita
saída de emergência	uscita di sicurezza
sala	sala
sala de espera	sala d'attesa
sala VIP	sala VIP
segurança	sicurezza
sem escalas	non-stop, no stop
serviço de bordo	servizio a bordo
solo	suolo
sul	sud

Glossário de Termos Comuns em Aeroportos e Voos

superlotado	tutto pieno
tarifa	tariffa
tarifa aérea	tariffa aerea
taxa de embarque	tassa d'imbarco
táxi	taxi
tela	schermo, monitor
tempo até o destino	tempo che manca all'arrivo
tempo de voo, duração de voo	tempo di volo, durata del volo
toalete	toilette
transporte em solo	trasporto terrestre
transporte para o hotel	trasferimento in hotel
travesseiro	cuscino
trecho	tratta
trecho curto	breve percorrenza
tripulação	equipaggio
última chamada	ultima chiamata
vale, *voucher*	buono
viagem	viaggio
visto	visto
voo	volo
voo de/em conexão	volo di/in connessione, coincidenza
voo noturno	volo notturno

Táxis e outros meios de transporte
Taxi e altri mezzi di trasporto

Ao sair do aeroporto, você vai se deparar com várias opções de transporte terrestre, por exemplo, *taxi* (táxis) e *bus navette* (espécie de micro-ônibus/vans de leva-e-traz). A vantagem: cada um desses meios pode estar incluído no *transfer* de um pacote de turismo. Ainda há o transporte coletivo, como metrô e ônibus, que será explicado mais adiante.

Aos motoristas de *taxi* não se costuma dar gorjeta, porque as tarifas italianas já são bastante caras! O que pode ser feito é arredondar o valor da corrida.

PALAVRAS-CHAVE	PAROLE-CHIAVE
corrida	corsa
é longe?	è lontano?
é perto?	è vicino?
qual a distância?	quanto dista?
quanto?	quanto?

Passageiro	Passeggero
Está livre?	È libero?
A [via del Corso], por favor.	A [via del Corso], per favore.
Quanto ficaria até...?	Quanto costa (viene) fino a...?
O ___ fica muito longe?	Il ___ è (rimane) molto lontano?
O endereço é...	L'indirizzo è...
É perto de...	È vicino a...

O senhor pode me deixar aqui na esquina, por favor?	**Può lasciarmi qui all'angolo, per favore?**
Aqui está ótimo.	**Qui va bene.**
Me dê só [5] euros (€) de troco.	**Mi dia solo [5] euro (€) di resto.**
Poderia me dar um recibo, por favor?	**Mi fa una ricevuta, per favore?**
Fique com o troco. Obrigado.	**Tenga il resto. Grazie.**

5 Viajando de trem
Viaggiando in treno

Viajar de trem na Itália pode representar uma boa opção, porque todas as cidades são interligadas e as estações ferroviárias ficam sempre no centro delas. Lembre-se de validar o bilhete antes de entrar no trem: se, por acaso, esquecer, poderá ter de pagar uma multa.

Se adquirir uma passagem online, lembre-se de guardar o código reserva para mostrar, uma vez a bordo do trem, para o fiscal.

A companhia nacional é *Trenitalia* (www.trenitalia.com). O transporte ferroviário, em alguns trechos, é também garantido por companhias privadas, como por exemplo (www.italotreno.it).

PALAVRAS-CHAVE	PAROLE-CHIAVE
assento perto de...	posto vicino a...
estação ferroviária	stazione ferroviaria
fiscal	controllore
horário de partida/chegada	orario di partenza/arrivo
preço, tarifa	prezzo, tariffa
primeira classe	prima classe
segunda classe	seconda classe
tarifa inteira/meia	tariffa intera/ridotta
trem	treno
trilho	binario
vagão	vagone, carrozza
vagão bar/restaurante	vagone, carrozza bar/ristorante
validar	convalidare

Exemplo de passagem ferroviária

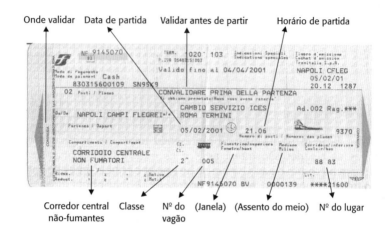

Comprando a passagem na bilheteria – Viajante	Comprando il biglietto in biglietteria – Viaggiatore
A que hora sai o trem para...?	A che ora parte il treno per...?
Por favor, uma passagem para...	Per favore, un biglietto per...
Com reserva do assento.	Con prenotazione del posto.
De primeira/segunda classe.	Di prima/seconda classe.
Pára em...?	Ferma a...?
Tenho de mudar de trem?	Devo cambiare?
Onde?	Dove?
Está na hora?	È in orario?
Qual é o atraso?	Quanto ritardo porta?
A que hora chega em...?	A che ora arriva a...?
Qual é o trilho de partida?	Da che binario parte?
Está bem, obrigado.	Va bene, grazie.

Qual trem pegar? / Che treno prendere?

TIPO DE TREM	CARACTERÍSTICAS
Regionale/Regionale veloce	Trens de curta distância, ligando cidades de um mesmo estado ou estados limítrofes.
Intercity/Intercity notte	Trens de longa distância, com paradas em várias cidades.
Eurocity/Euronight	Trens de longuíssima distância, ligando a Itália a outros países, em particular Áustria, França, Alemanha e Suíça.
Frecciabianca	Trem rápido e confortável, com paradas em várias cidades.
Frecciargento	Trem com trechos de alta velocidade (até 250 hm/h), bem confortável, ligando as cidades principais.
Frecciarossa	Trem de alta velocidade (até 300 km/h), bem confortável, ligando as cidades principais.
Italo (companhia privada)	Trem de alta velocidade, bem confortável, ligando as cidades principais.

Atenção: os trens de longa distância oferecem várias categorias de preços e de serviços, e podem prever reserva obrigatória. O ideal é adquirir as passagens com boa antecedência nos sites das companhias e, assim, garantir tarifas promocionais.

6 Alugando um carro
Noleggiando un'auto

Alugar um automóvel pode ser uma experiência muito interessante, sobretudo se o seu roteiro de viagem ainda não tiver metas bem definidas. Neste caso, vale a pena desfrutar da liberdade de locomoção que o carro possibilita para descobrir as inúmeras atrações artísticas e naturais que a Itália oferece em cada esquina. Só considere o preço da gasolina, muito cara hoje em dia no território italiano, e os pedágios, também bastante caros, se pegar rodovias.

Como no Brasil, a maioria das locadoras oferece quilometragem livre (*chilometraggio illimitato*).

PALAVRAS-CHAVE	PAROLE-CHIAVE
ar-condicionado	aria condizionata
bancos de couro	sedili in pelle
caminhonete estilo Jeep	jeep, fuoristrada
carro	auto, macchina
conversível	cabriolet, decappottabile
picape	pick-up
quatro portas	quattro porte
quilometragem	chilometraggio
van	pulmino

Algumas dicas sobre direção no exterior
Alcuni consigli sulla guida all'estero
Estacionamento Parcheggio

Em todas as maiores cidades italianas, encontrar uma vaga para estacionar na rua pode ser muito difícil: além do trânsito congestionado, muitos centros históricos são interditados em alguns horários e dias. O mais recomendável é deixar o carro dentro do primeiro *parcheggio* disponível, mesmo se ficar um pouco longe, e se locomover a pé ou com meios de transporte públicos. De vez em quando, para combater a poluição, as prefeituras adotam o sistema de circulação *a targhe alterne*, isto é, dependendo do número final da placa (par ou ímpar) os carros só podem circular em dias alternados.

Também existe o que se chama *pulizia delle strade*: em certas cidades e em certos dias, durante um determinado horário (sempre indicado em alguma placa na mesma rua), passa uma espécie de caminhão com jato de água e escovas enormes para limpar o asfalto. Se o seu carro estiver parado na rua durante esse horário será multado e rebocado.

Abreviações de ruas Abbreviazioni di strade

É bastante comum encontrar endereços com abreviações. Não é estranho encontrar nomes como **V.le** *Marconi*, **C.so** *Vittorio Emanuele*, **P.zza** *Garibaldi* e **L.go** *Castello*. Entretanto, **Via** (Rua) não é abreviado. Para ajudar a decifrar essas abreviaturas, consulte a lista a seguir.

Abreviação	Palavra completa	Tradução
V.le	Viale	Avenida, alameda
C.so	Corso	Avenida, alameda mais importante
P.zza, P.za	Piazza	Praça
L.go	Largo	Largo
V.lo	Vicolo	Ruela, viela
V.co	Vico	Ruela, viela

Strada p.le	Strada provinciale	Estrada estadual
SS	Strada Statale	Estrada federal
A [1, 3, 14...]	Autostrada	Rodovia
P.co	Parco	Parque

Para mais vocabulário importante sobre direção no exterior, vá à página 38.

Cliente	**Cliente**
Gostaria de alugar um carro.	Vorrei noleggiare un'auto.
Quanto é a diária?	Quant'è al giorno?
Quanto sai por semana?	Quanto viene alla settimana?
Isso inclui quilometragem livre?	Comprende chilometraggio illimitato?
O que vocês têm disponível?	Cos'avete di disponibile?
Gostaria de um carro (pequeno/médio/grande).	Vorrei un'auto (piccola/media/grande).

Gostaria de um(a)	carro conversível.	Vorrei una	cabriolet.
	caminhonete.	un	fuoristrada.
	picape.	una	pick-up.
	carro esportivo.	un'	auto sportiva.
	carro com câmbio automático.	un'	auto con cambio automatico.
	carro com câmbio normal.	un'	auto con cambio manuale
	carro com quatro portas.	una	cinque porte.
	4 x 4.	una	4 x 4 (quattro per quattro).
...com	ar-condicionado.	...con	aria condizionata.
	bancos de couro.		sedili di pelle.
	CD player.		lettore CD.
	celular.		telefonino.
	GPS.		GPS.
	DVD player.		lettore DVD.
	Tem...?		Ha...?

O que o seguro cobre?	Cosa copre l'assicurazione?
Gostaria de uma cobertura completa.	Vorrei una copertura totale.

O que acontece se	o carro quebrar?	Cosa succede se	l'auto si rompe?
	for multado?		vengo multato?
	eu bater com o carro?		sbatto con l'auto?

Posso devolvê-lo no aeroporto?	Posso riconsegnarla in aeroporto?
Aceita [American Express]?	Posso pagare con [American Express]?
Meu cartão cobre o seguro.	La mia carta di credito copre l'assicurazione.

Atendente / Addetto

Muito bem. O que nós temos disponível é...	Benissimo. Ciò che abbiamo disponibile è...
Fica tudo em 68 (euros) por dia, incluindo quilometragem.	Tutto viene 68 al giorno, chilometraggio incluso.
Fica tudo em 68 (euros) por dia, mais 50 centavos de euro por quilômetro.	Tutto viene 68 al giorno, più 50 centesimi di euro a chilometro.
Para quantos dias você precisaria do carro?	Per quanti giorni le occorre l'auto?
Certo, eu preciso da carteira de motorista e de um cartão de crédito.	D'accordo, ho bisogno della patente e di una carta di credito.
Muito bem, vence no dia (três) e pedimos para entregar o carro com o tanque cheio.	Benissimo, la riconsegna è per il giorno (tre) e chiediamo che ci restituisca l'auto col serbatoio pieno.
Aqui estão as chaves.	Ecco le chiavi.
Está estacionado ali.	È parcheggiata lì.
Você precisa de mapa ou alguma coisa?	Ha bisogno di una cartina o qualcos'altro?
Faça uma boa viagem.	Faccia buon viaggio.

No posto de gasolina / Al distributore di benzina

Na Itália é sempre mais comum que o motorista abasteça seu próprio carro. Normalmente os postos têm duas opções *self-service*: ou se paga antes no caixa eletrônico da bomba, em dinheiro ou com cartão, selecionando depois o tipo de combustível desejado, ou se paga depois do reabastecimento no caixa do posto, com as mesmas modalidades. Mas ainda uma boa parte dos postos de gasolina, sobretudo nas rodovias, possui frentistas. No entanto, sai um pouco mais barato o preço da gasolina *self-service*, com uma diferença média de 0,021 euro por litro.

Na Europa ainda não existe o álcool combustível.

PALAVRAS-CHAVE	PAROLE-CHIAVE
conferir	controllare
diesel	diesel, gasolio
encher, completar	fare il pieno
gasolina	benzina
GLP	GPL, gas
mapa	cartina
óleo	olio
pára-brisa	parabrezza
pneu	gomma

Self-service no caixa	Self-service alla cassa
Tenho que pagar, bomba [11], por favor.	Devo pagare, distributore [11], per favore.
Vocês têm [mapas] para vender?	Avete [delle cartine]?

Serviço com frentista	Servizio col benzinaio
[30] euros de [gasolina/diesel], por favor.	[30] euro di [benzina/diesel], per favore.
Complete com [comum/aditivada], por favor?	Mi fa il pieno di [benzina], per favore?
Você pode verificar a frente para mim, por favor?	Può controllare acqua e olio, per favore?
Você pode checar [os pneus] para mim, por favor?	Può controllare [le gomme], per favore?
Acho que este pneu está um pouco baixo.	Credo che questa gomma sia un po' sgonfia.

Perguntando o caminho	Chiedendo informazioni sulla strada
Quanto falta para [Firenze], você sabe?	Sa quanto manca per [Firenze]?
Estou/Estamos tentando ir a [Firenze].	Sto/stiamo tentando di arrivare a [Firenze].
Você sabe se estou/estamos no caminho certo?	Sa se sono/siamo sulla strada giusta?
Você poderia me dizer como chegar a [Firenze]?	Mi può dire come si arriva a [Firenze]?
É/Está longe?	È lontano?
Você pode me mostrar no mapa?	Me lo indica sulla cartina?
Você poderia me fazer um mapa?	Può farmi una cartina?
Como é que eu volto para a estrada?	Come faccio a riprendere la strada?
Tem algum ponto de referência?	C'è qualche punto di riferimento?
Tem placas?	Ci sono cartelli?

Glossário de Direção

Italiano	Português
abbaglianti	faróis altos
acceleratore	acelerador
accostamento	acostamento
accostare	encostar
anabbaglianti	faróis médios
angolo	esquina
area di sosta	área de repouso
area per carico e scarico	área para carregamentos
aria	ar
attenzione	cuidado
autostop	carona
autostrada	rodovia
benzina	gasolina
benzina verde (senza piombo)	gasolina sem chumbo
cabriolet, decappottabile	conversível

Glossário de Direção

cambiare	trocar
cartello, segnaletica	placa, sinalização
catene	correntes que se colocam nos pneus em caso de neve ou gelo
colle, collina	morro, colina
combustibile	combustível
contromano, senso unico	contramão, mão única
corsia	pista, faixa
destra	direita
distributore di benzina	posto de gasolina
divieto di inversione ad U	proibido fazer retorno
divieto di sorpasso	não ultrapassar
divieto di svolta	proibido virar
divieto di svolta a destra	proibido virar à direita
divieto di svolta a sinistra	proibido virar à esquerda
est	leste
freni	freios
freno a mano	freio de mão
frizione	embreagem
gancio	guincho
gasolio, diesel	diesel
gomma, pneumatico	pneu
hotel, albergo	hotel
incrocio	cruzamento
limite di velocità	limite de velocidade
luci di posizione	faróis baixos
luci, fari	faróis
marce	marchas
marciapiede	calçada
multa	multa
non parcheggiare in doppia fila	não estacionar em fila dupla
nord	norte

Glossário de Direção

olio	óleo
ovest	oeste
parcheggiare	estacionar
parcheggio	estacionamento
parcheggio per disabili	vagas para deficientes
parchimetro	parquímetro
patente	carteira de habilitação
pedaggio	pedágio
pericolo	perigo
permesso	habilitação
piano	devagar
pista ciclabile	ciclovia, faixa de bicicletas
ponte	ponte
precedenza	preferência
pulizia della strada (divieto di sosta)	limpeza da rua (proibido estacionar)
rampa di accesso all'autostrada	rampa de acesso à rodovia
rotatoria	rotatória
ruota di scorta	estepe
semaforo	semáforo
sinistra	esquerda
stop	pare
strada	estrada
strada panoramica	caminho cênico
strisce pedonali	faixa de pedestres
sud	sul
tergicristalli	palhetas
traversa	travessa
tunnel	túnel
uscita	saída
via	rua
viadotto	viaduto

Glossário de Direção

Português	**Italiano**
acelerador	acceleratore
acostamento	accostamento
ar	aria
área de repouso	area di sosta
área para carregamentos	area per carico e scarico
calçada	marciapiede
caminho cênico	strada panoramica
carona	autostop
carteira de habilitação	patente
ciclovia, faixa de bicicletas	pista ciclabile
combustível	combustibile
contramão, mão única	contromano, senso unico
conversível	cabriolet, decappottabile
correntes que se colocam nos pneus em caso de neve ou gelo	catene
cruzamento	incrocio
cuidado	attenzione
devagar	piano
diesel	gasolio, diesel
direita	destra
embreagem	frizione
encostar	accostare
esquerda	sinistra
esquina	angolo
estacionamento	parcheggio
estacionar	parcheggiare
estepe	ruota di scorta
estrada	strada

Glossário de Direção

faixa de pedestres	strisce pedonali
faróis	luci, fari
faróis altos	abbaglianti
faróis baixos	luci di posizione
faróis médios	anabbaglianti
freio de mão	freno a mano
freios	freni
gasolina	benzina
gasolina sem chumbo	benzina verde (senza piombo)
guincho	gancio
habilitação	permesso
hotel	hotel, albergo
leste	est
limite de velocidade	limite di velocità
limpeza da rua (proibido estacionar)	pulizia della strada (divieto di sosta)
marchas	marce
morro, colina	colle, collina
multa	multa
não estacionar em fila dupla	non parcheggiare in doppia fila
não ultrapassar	divieto di sorpasso
norte	nord
oeste	ovest
óleo	olio
palhetas	tergicristalli
pare	stop
parquímetro	parchimetro
pedágio	pedaggio
perigo	pericolo
pista, faixa	corsia
placa, sinalização	cartello, segnale
pneu	gomma, pneumatico
ponte	ponte

Glossário de Direção

posto de gasolina	distributore di benzina
preferência	precedenza
proibido fazer retorno	divieto di inversione ad U
proibido virar	divieto di svolta
proibido virar à direita	divieto di svolta a destra
proibido virar à esquerda	divieto di svolta a sinistra
rampa de acesso à rodovia	rampa di accesso all'autostrada
rodovia	autostrada
rotatória	rotatoria
rua	via
saída	uscita
semáforo	semaforo
sul	sud
travessa	traversa
trocar	cambiare
túnel	tunnel
vagas para deficientes	parcheggio per disabili
viaduto	viadotto

Transporte Público   Trasporto pubblico

O transporte público na Itália não é dos melhores. Pouquíssimas cidades têm atualmente metrô e de curto trecho: Milão (4 linhas e 113 estações), Roma (2 linhas e 53 estações, e uma terceira em construção e parcialmente ativa), Nápoles (2 linhas, por um total de 22 estações), Catânia (uma linha e 11 estações) e Gênova (uma linha e 8 estações). Pouquíssimos são também os trens de superfície que, utilizando a já existente linha ferroviária, interligam as estações urbanas. Uma boa opção, quando tiver, é representada pelos bondes.

Quanto aos ônibus, boa sorte! Estão muitas vezes lotados e atrasados, não tendo quase faixas preferenciais sendo, portanto, sujeitos às condições do trânsito. Como não há cobrador, os bilhetes devem ser comprados antes de entrar, nas máquinas automáticas ou nos quiosques, banca de jornais e tabacarias: mas não se esqueça, uma vez a bordo, de validar o bilhete! Cidades como Roma e Milão têm bilhetes integrados metrô-ônibus, simples, diários, semanais etc.

PALAVRAS-CHAVE	PAROLE-CHIAVE
bilhete	biglietto
conexão	coincidenza
descer	scendere
metrô	metro (*in it., feminino*)
ônibus	autobus
subir	salire
tarifa	tariffa
trem	treno
trocado	spiccioli

Exemplo de bilhete

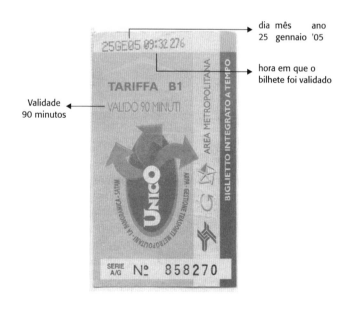

Onde posso comprar um bilhete do ônibus, por favor?	Mi scusi, dove posso comprare un biglietto dell'autobus?
Este ônibus/trem vai a...?	Questo autobus/treno va a...?
Qual é o ônibus/trem que preciso pegar para chegar a...?	Quale autobus/treno devo prendere per...?
Estou indo a [via del Corso].	Sto andando a [via del Corso].
Desce!	Scendi!
Com licença.	Permesso.
Tem gente sentada aí?	C'è qualcuno seduto lì?
Você/O senhor não quer sentar?	Non vuoi sederti? / Non vuole sedersi?
Poderia me avisar quando chegarmos à minha parada?	Può (f.) avvisarmi quando arriviamo alla mia fermata?

7 Hospedagem
Ospitalità

Antes de viajar e mesmo durante a viagem, você pode querer pesquisar hotéis no lugar aonde quer ir. Para ajudá-lo nessa tarefa, dê uma olhada no glossário na página 52. A versão dele português-italiano é útil para falar com as pessoas do hotel.

PALAVRAS-CHAVE	PAROLE-CHIAVE
bagagem	bagaglio
chave	chiave
cofre	cassaforte
frigobar	frigobar
mensagem	messaggio
não fumante	non fumatori
piscina	piscina
quarto	camera, stanza
reserva	prenotazione
vista	vista

Hotel – Hóspede	Hotel – Ospite
Você tem vaga para [1 pessoa/ 2 pessoas] para o dia...?	Ha posto per [una persona/ due persone] per il giorno...?
Eu tenho uma reserva.	Ho una prenotazione.
Em nome de [Silva].	A nome [Silva].
Aqui está o comprovante.	Ecco il comprovante.
Eu quero um quarto para/ [1 pessoa/2 pessoas].	Vorrei una camera [doppia, singola].
Para [2] noites.	Per [2] notti.

48 • COMO DIZER TUDO EM ITALIANO EM VIAGENS

Quanto é a diária?	Quant'è la diaria?
Tem [TV a cabo] nos quartos?	C'è la [TV via cavo] nelle stanze?
Tem banheiro no quarto?	C'è il bagno in camera?
Com café da manhã?	Con colazione?
Onde é o café da manhã?	Dove si fa colazione?
Tem alguma vista?	È con vista?
Gostaria/Gostaríamos de uma vista para [o mar], se possível.	Mi piacerebbe/Ci piacerebbe con vista sul [mare], se possibile.
Preciso ser acordado às [7:30h].	Ho bisogno di essere svegliato alle [7:30].
A que horas é o check-out?	A che ora devo lasciare la camera?
Como faço para conseguir uma linha?	Come faccio per avere la linea?
Posso deixar minha bagagem na recepção?	Posso lasciare il mio bagaglio alla reception?
Posso deixar meus objetos de valor no cofre?	Posso lasciare i miei oggetti di valore in cassaforte?
Você pode me informar sobre as atrações locais?	Mi sa dire delle attrazioni locali?
Posso comprar ingressos aqui para...?	Posso comprare qui i biglietti d'ingresso per...?
Onde fica o ____ mais próximo?	Dove si trova il ____ più vicino?

Tem um(a) ... por aqui?	**C'è un(a) ... qui vicino?**
agência de viagens	agenzia di viaggi
banca de revistas	edicola
banco	banca
bar	bar
borracharia	gommista
cabeleireiro	parrucchiere
café	caffè, caffetteria
caixa eletrônico	bancomat
correios	poste
cyber café (ponto de acesso à Internet)	cyber/internet caffè

delegacia	posto di polizia/carabinieri
dentista	dentista
discoteca	discoteca
drogaria	drogheria
farmácia	farmacia
hospital	ospedale
hotel	hotel, albergo
lavanderia, tinturaria	lavanderia, tintoria
livraria	libreria
loja de calçados	negozio di scarpe
loja de câmeras	fotografo
loja de CDs	negozio di dischi
loja de eletrônica	negozio di elettronica
mercadinho	mercatino
oficina	meccanico
ótica	ottica
padaria	panificio
papelaria	cartoleria
pastelaria	pasticceria
posto de gasolina	distributore di benzina
restaurante	ristorante
shopping	centro commerciale
supermercado	supermercato
tabaçaria	tabacchi
Tem algum recado para mim?	C'è qualche messaggio per me?
O ____ está quebrado.	Il ____ è rotto.
A pia/o ralo do chuveiro está entupido.	Il lavandino/lo scolo della doccia è otturato.
O vaso não está dando descarga.	La tazza del bagno non sta scaricando.
Não tem água quente.	Non c'è l'acqua calda.
A minha chave não funciona.	La mia chiave non funziona.

O [aquecimento/ar-condicionado] não está funcionando.	Il [riscaldamento/l'aria condizionata] non sta funzionando.
Será que tem alguém para consertá-lo?	Qualcuno potrebbe aggiustarlo/a, per favore?
Eu gostaria de trocar as toalhas no quarto [22], por favor.	Vorrei cambiare gli asciugamani della camera [22], per favore.
Gostaria de trocar de quarto, por favor.	Vorrei cambiare camera, per favore.
Gostaria de ficar mais um dia, por favor.	Vorrei rimanere un altro giorno, per favore.
Gostaria de fechar a conta, por favor.	Vorrei il conto, per favore.
Você poderia fazer uma conta separada para o telefone, por favor?	Può fare un conto separato per il telefono, per favore?
Aqui é/do quarto [22]. Vocês poderiam mandar alguém vir buscar a bagagem, por favor?	È la camera [22]. Potreste mandare qualcuno a prendere i bagagli, per favore?

Hotel – Recepção / Hotel – Reception

Infelizmente não temos vaga.	Mi dispiace, non abbiamo posto.
Você tem reserva?	Ha una prenotazione?
Qual é o nome, por favor?	Qual è il suo nome, per favore?
A saída é às [11h].	Bisogna lasciare la camera alle [11:00].
Só preciso que você me preencha isto, por favor.	Deve solo riempire questo, per favore.
Certo, é preciso que assine aqui, por favor.	Va bene, metta una firma qui, per favore.
Você tem um cartão de crédito ou algum documento, por favor?	Ha una carta di credito o un documento, per favore?
Aqui está sua chave.	Ecco la sua chiave.
Tenha uma boa estada.	Buona permanenza.
Pegando o elevador, é o [terceiro] andar.	Prendendo l'ascensore è al [terzo] piano.
Gostaria de uma ajuda com as malas?	Vuole un aiuto con le valigie?
Posso fechar a conta?	Posso fare il conto?
O senhor está fechando a conta hoje?	Il signore chiude il conto oggi?
Consumiu alguma coisa do frigobar?	Ha consumato qualcosa dal frigobar?

Família que hospeda	Famiglia che ospita
A que horas posso tomar banho?	A che ora posso fare una doccia/un bagno?
Tudo bem se eu...?	Va bene se...?
Você(s) se importa(m) se eu usar o telefone para uma ligação local?	Le/Vi dispiace se uso il telefono per una chiamata locale?
Posso usar seu [telefone]?	Posso usare il suo [telefono]?
Vou fazer uma ligação interurbana, mas não se preocupe, tenho um *calling card*.	Devo fare una telefonata interurbana, ma non si preoccupi, ho una scheda per chiamare.
Dormi muito bem, obrigado.	Ho dormito benissimo, grazie.
Achei que deveria falar: a [água quente] não está funcionando.	Ho pensato che era giusto dirglielo: l'[acqua calda] non sta funzionando.
Queria só avisar que não volto para o jantar [hoje à noite].	Volevo avvertire che non torno a cena [stasera].

Glossário de Termos Hoteleiros

Use este glossário antes de viajar (para pesquisar e entender anúncios de hotéis no exterior) e durante a sua estadia.

Italiano	Português
24 ore	24 horas
a fianco di, a lato di	ao lado de
a pochi passi da	a uns poucos passos de
accendere (le luci)	ligar, acender (luzes)
acqua calda	água quente
acqua fredda	água fria
acquisti	compras
addetto/impiegato alla reception	recepcionista
affascinante	charmoso
affianco a	ao lado de
al completo, tutto esaurito	completo, sem vagas
allaccio ad internet	tomada no quarto para acesso à Internet
ambiente unico, mini appartamento	quarto conjugado
amido, inamidare	goma, engomar
animali di razza	animais de estimação
anziano	idoso
area giochi per bambini	parquinho para crianças
aria condizionata	ar-condicionado
armadio	armário
ascensore	elevador
asciugacapelli, phon	secador de cabelo
asciugamano	toalha
asciugamano da bagno	toalha de banho
asciugamano per il viso	toalha de rosto
asciugamano pulito, nuovo	toalha limpa, nova
assolato	ensolarado

Glossário de Termos Hoteleiros

asterisco (tasto del telefono)	asterisco (tecla de telefone)
atrio, hall	saguão
attrazioni	atrações
bagno	banho de banheira
bagno in camera	banheiro no quarto
bagno in comune	banheiro partilhado com outros hóspedes do hotel
bagno privato	banheiro dentro do quarto
balcone	varanda
bancone	balcão
bancone dell'autonoleggio	balcão de locação de automóveis
bar dell'hotel/albergo	bar de hotel
bed and breakfast	pousada com serviço de café da manhã
beni personali	pertences
biancheria	roupa de cama
Bibbia	Bíblia
bibita	bebida
bidé	bidê
bocchettone della doccia	chuveiro
buffet	*self-service*
bus navetta	tipo de van/caminhonete que funciona como táxi para passageiros em trânsito entre aeroporto e hotel
caffè	café
caffettiera	cafeteira
camera doppia	quarto duplo
camera singola	quarto para uma pessoa
camera tripla	quarto triplo
camera, stanza	quarto
cameriera	camareira
camino	lareira

Glossário de Termos Hoteleiros

cartina	mapa
casella vocale	caixa postal de voz
cassaforte	cofre
cassetto	gaveta
cena	jantar
centro benessere	*spa*
centro direzionale	centro financeiro
centro, centro città	centro, centro da cidade
chiamate locali	chamadas locais
chiave	chave
colazione	café da manhã
colazione a letto	café na cama
colazione completa	café da manhã completo
colazione in camera	café no quarto
completamente attrezzato	totalmente equipado
compreso, incluso	incluso
computer, fax	computador, fax
con vista su	com vista para
confortevole	confortável
consegnare	entregar
conto	fatura, conta
coperta	cobertor
cornetto	*croissant*
costume da bagno	traje de banho
cucina completa	cozinha completa
cucire	costurar
cuffia	touca de banho/chuveiro
cuscino	travesseiro
custodire	guardar

Glossário de Termos Hoteleiros

dependance	cabana
di fronte a, verso il/la	de cara para, orientado para
di lusso	de luxo
direttore	diretor
direzione	direção
disabili, portatori di handicap (accesso ai)	deficiente físico (acesso para)
disponibile	disponível
doccia	banho de chuveiro
doppia linea telefonica	linha de telefone dupla
doppia non matrimoniale	duas camas de solteiro em um quarto
dotato di	equipado com
economico	em conta
familiare/famigliare	familiar, de família
farsi pagare, incassare	cobrar
fattorino	mensageiro
ferro da stiro	ferro para passar roupa
finestra	janela
fodera	fronha
fornello	fogão
frigobar, mini-bar	frigobar
frigorifero	geladeira
fumatore	fumante
fuoriuscendo	vazando
fuoriuscita	vazamento
garzone	carregador
gestore, responsabile	gerente
giardino/i	jardim/ns
giornale	jornal
giro per la città	passeio pela cidade

Glossário de Termos Hoteleiros

giro turistico, city tour	passeio turístico, *city tour*
giro, tour	passeio
governante	governanta
Grand Hotel, resort	hotel de luxo, *resort*
grato	agradecido
identità (carta di)	identidade (carteira de)
impianti	instalações
in camera	dentro do quarto
in comune	em comum
intasato	entupido
isolato	quadra
kit per cucire	kit de costura
lampadario, lampada	luminária
lampadina	lâmpada
latte	leite
lavanderia	lavanderia
lavandino	pia
lenzuola	lençóis
letto	cama, leito
letto pieghevole	cama que se dobra
linea ADSL	Internet de banda larga
localizzazione	localização
luce	luz
lunga permanenza	estada de longa duração
lustrascarpe	engraxate
macchina per il ghiaccio	máquina de gelo
mancia	gorjeta
massaggio	massagem
matrimoniale	casal

Glossário de Termos Hoteleiros

mensile	mensal
messaggio	mensagem
mezza pensione	meia pensão
mezzo isolato	meia quadra
mezzogiorno	meio-dia
microonde	micro-ondas
moquette	carpete
motel	motel
negozio	loja
negozio di souvenir	loja que vende lembrancinhas
nel cuore di	no coração de
noleggiare, affittare	alugar, locar
non disturbare	não perturbar
notte/giorno in più	noite/dia adicional
occupazione	ocupação
oggetti personali	pertences
ogni notte	cada noite
omaggio della casa	cortesia da casa
ora per lasciare la camera/stanza	hora de saída
ordinare	pedir
ospitalità	hospitalidade
ospite	hóspede
ostello	albergue
ostello della gioventù	albergue da juventude
pacchetto	pacote
pagamento, incasso	cobrança
pagine gialle	páginas amarelas
palestra	academia
panni stirati	roupa passada
parcheggio	estacionamento

Glossário de Termos Hoteleiros

parcheggio chiuso	estacionamento em lugar fechado
parrucchiere/a	cabeleireiro/a
passaporto	passaporte
pensione	pousada
pensione completa	pensão completa
per tutto l'anno	durante o ano todo
permanenza	estada
pernottamento	pernoite
personale dell'hotel	pessoal, funcionários do hotel
piano	piso, andar
pianterreno	piso térreo
PIN	código de acesso (*personal identification number*)
piscina	piscina
piscina coperta	piscina coberta
piscina riscaldata	piscina aquecida
piscina scoperta	piscina ao ar livre
piumino, piumone	edredom
posteggiatore	manobrista
posto/i	posto/os
pranzo	almoço
prenotare, prenotazione	reservar, reserva
prenotazioni	reservas
privato	particular, privado
pulito	limpo
reception	recepção
residence	flat service
restare, rimanere	ficar
rinnovato	renovado
riscaldamento (centralizzato)	aquecimento (central)
riscaldato	aquecido

Glossário de Termos Hoteleiros

ristoranti	restaurantes
ristrutturato	reformado
rumore	barulho, ruído
sala (TV, d'attesa, etc.)	sala de (televisão, espera etc.)
sala giochi	sala de jogos
sala riunioni	sala para reuniões
salone di bellezza	salão de beleza
salvavita	salva-vidas
sapone, saponetta	sabonete
sauna	sauna
scheda magnetica	cartão do quarto
sconto	desconto
scrivania	escrivaninha
servizio di consegna	serviço de entrega
servizio in camera	serviço de quarto
settimanale	semanal
silenzioso	silencioso
sistemazione	alojamento, acomodação
solarium	terraço, área aberta para tomar Sol
spazioso	espaçoso
specchio	espelho
specchio per il trucco	espelho de maquiagem
spegnere (le luci)	desligar, apagar (luzes)
sporco	sujo
stanza per non fumatori	quarto para não fumante
sul bordo della piscina	à beira da piscina
sul mare	à beira-mar
sul tetto	no telhado
sveglia	despertador
tariffa di gruppo	tarifa de grupo
tariffa per ditte, imprese	tarifa empresarial

Glossário de Termos Hoteleiros

tariffa week-end	tarifa de fim de semana
tariffa/e	tarifa/s
tassa di soggiorno	tipo de imposto de turismo
tavola/asse da stiro	tábua de passar roupa
taxi	táxi
teiera	chaleira
telefono	telefone
telefono diretto	telefone de discagem direta
tende	cortinas
terrazza	terraço
the, tè	chá
the, tè del pomeriggio	chá da tarde
tirare l'acqua	dar descarga
toast	torrada
tracimando	transbordando
trasporto	transporte
tris	jogo-da-velha
TV a colori	TV em cores
TV via cavo	TV a cabo
una notte d'albergo	uma noite de hotel
uscita	saída
vasca da bagno	banheira
vasca idromassaggio	*jacuzzi*
ventilatore sul soffitto	ventilador de teto
vicino a	perto de
vicino al/alla	perto do/a
videoregistratore (VHS)	videocassete
vista	vista
vita notturna	vida noturna

Glossário de Termos Hoteleiros

Português — Italiano

Português	Italiano
24 horas	24 ore
à beira da piscina	sul bordo della piscina
à beira-mar	sul mare
a uns poucos passos de	a pochi passi da
academia	palestra
agradecido	grato
água fria	acqua fredda
água quente	acqua calda
albergue	ostello
albergue da juventude	ostello della gioventù
almoço	pranzo
alojamento, acomodação	sistemazione
alugar, locar	noleggiare, affittare
animais de estimação	animali di razza
ao lado de	a fianco di, a lato di affianco a
aquecido	riscaldato
aquecimento (central)	riscaldamento (centralizzato)
ar-condicionado	aria condizionata
armário	armadio
asterisco (tecla de telefone)	asterisco (tasto del telefono)
atrações	attrazioni
balcão	bancone
balcão de locação de automóveis	bancone dell'autonoleggio
banheira	vasca da bagno
banheiro partilhado com outros hóspedes do hotel	bagno in comune
banheiro dentro do quarto	bagno privato
banheiro no quarto	bagno in camera

Glossário de Termos Hoteleiros

banho de banheira	bagno
banho de chuveiro	doccia
bar de hotel	bar dell'hotel/albergo
barulho, ruído	rumore
bebida	bibita
Bíblia	Bibbia
bidê	bidé
cabana	dependance
cabeleireiro/a	parrucchiere/a
cada noite	ogni notte
café	caffè
café na cama	colazione a letto
café no quarto	colazione in camera
café da manhã	colazione
café da manhã completo	colazione completa
cafeteira	caffettiera
caixa postal de voz	casella vocale
cama que se dobra	letto pieghevole
cama, leito	letto
camareira	cameriera
carpete	moquette
carregador	garzone
cartão do quarto	scheda magnetica
casal	matrimoniale
centro financeiro	centro direzionale
centro, centro da cidade	centro, centro città
chá	the, tè
chá da tarde	the, tè del pomeriggio
chaleira	teiera

Glossário de Termos Hoteleiros

chamadas locais	chiamate locali
charmoso	affascinante
chave	chiave
chuveiro	bocchettone della doccia
cobertor	coperta
cobrança	pagamento, incasso
cobrar	farsi pagare, incassare
código de acesso (*personal identification number*)	PIN
cofre	cassaforte
com vista para	con vista su
completo, sem vagas	al completo, tutto esaurito
compras	acquisti
computador, fax	computer, fax
confortável	confortevole
cortesia da casa	omaggio della casa
cortinas	tende
costurar	cucire
cozinha completa	cucina completa
croissant	cornetto
dar descarga	tirare l'acqua
de cara para, orientado para	di fronte a, verso il/la
de luxo	di lusso
deficiente físico (acesso para)	disabili, portatori di handicap (accesso ai)
dentro do quarto	in camera
desconto	sconto
desligar, apagar (luzes)	spegnere (le luci)
despertador	sveglia
direção	direzione

Glossário de Termos Hoteleiros

diretor	direttore
disponível	disponibile
duas camas de solteiro em um quarto	doppia non matrimoniale
durante o ano todo	per tutto l'anno
edredom	piumino, piumone
elevador	ascensore
em comum	in comune
em conta	economico
engraxate	lustrascarpe
ensolarado	assolato
entregar	consegnare
entupido	intasato
equipado com	dotato di
escrivaninha	scrivania
espaçoso	spazioso
espelho	specchio
espelho de maquiagem	specchio per il trucco
estacionamento	parcheggio
estacionamento em lugar fechado	parcheggio chiuso
estada	permanenza
estada de longa duração	lunga permanenza
familiar, de família	familiare/famigliare
fatura, conta	conto
ferro para passar roupa	ferro da stiro
ficar	restare, rimanere
flat service	residence
fogão	fornello
frigobar	frigobar, mini-bar
fronha	fodera

Glossário de Termos Hoteleiros

fumante	fumatore
gaveta	cassetto
geladeira	frigorifero
gerente	gestore, responsabile
goma, engomar	amido, inamidare
gorjeta	mancia
governanta	governante
guardar	custodire
hora de saída	ora per lasciare la camera/stanza
hóspede	ospite
hospitalidade	ospitalità
hotel de luxo, *resort*	Grand Hotel, resort
identidade (carteira de)	identità (carta di)
idoso	anziano
incluso	compreso, incluso
instalações	impianti
internet de banda larga	linea ADSL
jacuzzi	vasca idromassaggio
janela	finestra
jantar	cena
jardim/ns	giardino/i
jogo-da-velha	tris
jornal	giornale
kit de costura	kit per cucire
lâmpada	lampadina
lareira	camino
lavanderia	lavanderia
leite	latte
lençóis	lenzuola

Glossário de Termos Hoteleiros

ligar, acender (luzes)	accendere (le luci)
limpo	pulito
linha de telefone dupla	doppia linea telefonica
localização	localizzazione
loja	negozio
loja que vende lembrancinhas	negozio di souvenir
luminária	lampadario, lampada
luz	luce
manobrista	posteggiatore
mapa	cartina
máquina de gelo	macchina per il ghiaccio
massagem	massaggio
meia pensão	mezza pensione
meia quadra	mezzo isolato
meio-dia	mezzogiorno
mensageiro	fattorino
mensagem	messaggio
mensal	mensile
micro-ondas	microonde
motel	motel
não perturbar	non disturbare
no coração de	nel cuore di
no telhado	sul tetto
noite/dia adicional	notte/giorno in più
ocupação	occupazione
pacote	pacchetto
páginas amarelas	pagine gialle
parquinho para crianças	area giochi per bambini
particular, privado	privato

Glossário de Termos Hoteleiros

passaporte	passaporto
passeio	giro, tour
passeio pela cidade	giro per la città
passeio turístico, *city tour*	giro turistico, city tour
pedir	ordinare
pensão completa	pensione completa
pernoite	pernottamento
pertences	beni personali, oggetti personali
perto de	vicino a
perto do/a	vicino al/alla
pessoal, funcionários do hotel	personale dell'hotel
pia	lavandino
piscina	piscina
piscina ao ar livre	piscina scoperta
piscina aquecida	piscina riscaldata
piscina coberta	piscina coperta
piso térreo	pianterreno
piso, andar	piano
posto/os	posto/i
pousada	pensione
pousada com serviço de café da manhã	bed and breakfast
quadra	isolato
quarto	camera, stanza
quarto conjugado	ambiente unico, mini appartamento
quarto duplo	camera doppia
quarto para não fumante	stanza per non fumatori
quarto para uma pessoa	camera singola
quarto triplo	camera tripla
recepção	reception

Glossário de Termos Hoteleiros

recepcionista	addetto/impiegato alla reception
reformado	ristrutturato
renovado	rinnovato
reservar, reserva	prenotare, prenotazione
reservas	prenotazioni
restaurantes	ristoranti
roupa de cama	biancheria
roupa passada	panni stirati
sabonete	sapone, saponetta
saguão	atrio, hall
saída	uscita
sala de (televisão, espera etc.)	sala (TV, d'attesa etc.)
sala de jogos	sala giochi
sala para reuniões	sala riunioni
salão de beleza	salone di bellezza
salva-vidas	salvavita
sauna	sauna
secador de cabelo	asciugacapelli, phon
self-service	buffet
semanal	settimanale
serviço de entrega	servizio di consegna
serviço de quarto	servizio in camera
silencioso	silenzioso
spa	centro benessere
sujo	sporco
tábua de passar roupa	tavola/asse da stiro
tarifa de fim de semana	tariffa week-end
tarifa de grupo	tariffa di gruppo
tarifa empresarial	tariffa per ditte, imprese
tarifa/s	tariffa/e
táxi	taxi
telefone	telefono

Glossário de Termos Hoteleiros

telefone de discagem direta	telefono diretto
terraço	terrazza
terraço, área aberta para tomar Sol	solarium
tipo de imposto de turismo	tassa di soggiorno
tipo de van/caminhonete que funciona como táxi para passageiros em trânsito entre aeroporto e hotel	bus navetta
toalha	asciugamano
toalha de banho	asciugamano da bagno
toalha de rosto	asciugamano per il viso
toalha limpa, nova	asciugamano pulito, nuovo
tomada no quarto para acesso à Internet	allaccio ad internet
torrada	toast
totalmente equipado	completamente attrezzato
touca de banho/chuveiro	cuffia
traje de banho	costume da bagno
transbordando	tracimando
transporte	trasporto
travesseiro	cuscino
TV a cabo	TV via cavo
TV em cores	TV a colori
uma noite de hotel	una notte d'albergo
varanda	balcone
vazamento	fuoriuscita
vazando	fuoriuscendo
ventilador de teto	ventilatore sul soffitto
vida noturna	vita notturna
videocassete	videoregistratore (VHS)
vista	vista

8 Restaurantes
Ristoranti

Para qualquer um, comer fora do seu país de origem representa, no mínimo, uma aventura.

Primeiro, cabe aqui mencionar um detalhe que poucas pessoas sabem: é possível pedir comida em quase todos os restaurantes onde se fala somente italiano, sem saber falar italiano. *Como assim?* Fácil. É só apontar com o dedo algum item no cardápio ou comida na vitrine. Ou seja, mesmo sem saber nada de italiano, você não vai passar fome. Agora, para ir além do circuito *fast-food* e explorar a famosa comida italiana, vale a pena preparar-se um pouco com este guia.

Algumas dicas para comer na Itália

A cozinha italiana é uma das mais ricas e variadas do mundo e não faltam opções para qualquer tipo de prato. Dependendo das especialidades de cada região, você pode optar por uma inifinita série de pratos de massa, risoto, carne, peixe, sopa e ainda de queijos, embutidos, legumes, verduras e doces. Além da pizza, claro! E o vinho, muitas vezes da casa, é uma bebida muito comum para acompanhar todas as refeições.

Os hábitos culinários italianos são um pouco diferentes dos brasileiros: cada prato é servido rigorosamente à parte. Por exemplo, presunto e melão são servidos de entrada (*antipasto*), um macarrão é um primeiro prato (*primo piatto*), um bife é um segundo prato (*secondo piatto*), uma salada é mais um prato que acompanha o segundo (*contorno*) etc.

Na página 80, há um glossário que lhe permitirá não somente entender cada uma dessas escolhas, como também decifrar praticamente qualquer cardápio em italiano.

Uma última dica: esqueça o ketchup, a não ser na batata frita!

72 · **COMO DIZER TUDO EM ITALIANO EM VIAGENS**

As escolhas mais comuns em um restaurante

PASTA LUNGA / MASSA COMPRIDA   **PASTA CORTA / MASSA CURTA**

 cannelloni   *conchiglie*   *penne*

 lasagne   *farfalle*   *ravioli*

linguine   *fusilli*   *rigatoni*

 fettuccine, tagliatelle   *gnocchi*   *strozzapreti*

 spaghetti   *orecchiette*   *tortellini*

La pasta può essere servita al sugo di ...

A massa pode ser servida ao molho de ....

CARNE/CARNE		PESCE/PEIXE		CONDIMENTI/TEMPEROS	
agnello	cordeiro	aragosta	lagosta	aceto	vinagre
cinghiale	javali	cozze	mexilhão	aglio	alho
coniglio	coelho	gamberi	camarão	basilico	manjericão
maiale	porco	merluzzo	merluza	cipolla	cebola
manzo	boi castrado de 1-4 anos	salmone	salmão	olio	azeite
pecora	ovelha	scampi	lagostim	pepe	pimenta
pollo	frango	seppia, calamari	lula	prezzemolo	salsa
tacchino	peru	sogliola	linguado	rosmarino	alecrim
vitello	vitela	vongole	amêijoa	sale	sal

SALUMI/EMBUTIDOS		FORMAGGI/QUEIJOS	
mortadella	mortadela	gorgonzola	de massa mole, cheiro intenso e gosto forte
pancetta	bacon	mozzarella	de massa mole, fresca, de bufala ou de vaca
prosciutto cotto	presunto	parmigiano	parmesão
prosciutto crudo	presunto cru	pecorino	de massa dura, cheiro intenso e gosto forte
salame	salame	provolone	de massa dura, doce ou picante
salsiccia	linguiça	ricotta	ricota

Para pedir carne: os termos italianos do corte

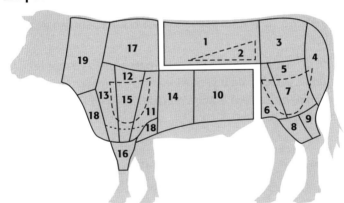

1 Lombata – **2** Filetto – **3** Scamone – **4** Girello – **5** Fesa esterna – **6** Noce – **7** Fesa interna – **8** Pesce – **9** Geretto posteriore – **10** Pancia – **11** Fesone di spalla – **12** Copertina – **13** Girello di spalla – **14** Taglio reale – **15** Sottospalla – **16** Geretto anteriore – **17** Braciole – **18** Petto – **19** Collo.

Por exemplo, um diálogo típico para pedir um jantar seria assim:

CAMERIERE: Ha già scelto?	GARÇOM: Já escolheu?
CLIENTE: Vorrei un secondo.	CLIENTE: Queria um segundo prato.
CAMERIERE: Va bene. Che carne vuole?	GARÇOM: Certo. E que tipo de carne?
CLIENTE: Un filetto di vitello, per favore.	CLIENTE: Un filé *mignon*, por favor.
CAMERIERE: E di contorno?	GARÇOM: E como acompanhamento?
CLIENTE: Un'insalata, per favore.	CLIENTE: Uma salada, por favor.

Não pague mico

Existem alguns costumes e restrições nos restaurantes do exterior que podem não existir no Brasil:

- Hoje em dia, na Itália não se permite mais fumar dentro de qualquer ambiente público, muito menos dentro de restaurantes, a não ser que tenha uma área reservada.
- Para chamar o garçom, chame *cameriere* ou tente acenar a ele com discrição.
- Na Itália pode-se deixar uma gorjeta, mas não é hábito calcular exatamente aqueles 10% que normalmente no Brasil são incluídos na conta. O que existe, porém, é o *coperto*, um preço fixo (a partir de €2-3) a ser pago por cada cliente pelo uso de louça e talher.
- Quando se pede água, há três alternativas: água da torneira (em algumas cidades, de boa qualidade), água mineral sem gás (*acqua minerale liscia*) e água mineral com gás (*acqua minerale gassata*).

PALAVRAS-CHAVE	PAROLE-CHIAVE
açúcar	zucchero
adoçante	dolcificante
água	acqua
bebidas	bibite, bevande
cardápio	menù
cerveja	birra
colher	cucchiaio
conta	conto
copo	bicchiere
faca	coltello
fumar	fumare
garçom	cameriere
garçonete	cameriera
garfo	forchetta
guardanapo	tovagliolo

mais um	un altro
mesa	tavolo
pedir	ordinare
por favor (chamando atenção)	scusi
setor de não fumante	area per non fumatori
toalete	toilette
vinho	vino

Veja também o glossário de alimentos na página 104.

No restaurante – Cliente	**Al ristorante – Cliente**
Quero fazer uma reserva para [2 pessoas] para [as 8 horas de hoje à noite], por favor.	Vorrei prenotare per [2 persone], per [le 8 di stasera], per favore.
Uma mesa para [2], por favor.	Un tavolo per [2], per favore.
Somos [2].	Siamo in [2].
Estamos aguardando mais [uma] pessoa. / mais [duas] pessoas.	Stiamo aspettando un'[altra] persona. / altre [due] persone.
Tem espera?	C'è da aspettare?
Tem um setor para fumantes?	C'è un'area per fumatori?
Podemos nos sentar [próximos à janela]?	Ci possiamo sedere [vicino alla finestra]?
Onde fica o toalete?	Dov'è la toilette?
É permitido fumar aqui?	Si può fumare qui?
Posso ver um cardápio, por favor?	Posso vedere il menù, per favore?
Preciso de mais um tempinho, por favor.	Mi occorre ancora un po' di tempo, per favore.
Por favor, gostaria de fazer o pedido.	Scusi, vorrei ordinare.
Por favor, queríamos fazer o pedido.	Scusi, vorremmo ordinare.
Vou pedir um/o...	Prendo un/una...
Como acompanhamento [uma salada]?	Di contorno [un'insalata]?

Posso substituir [uma salada] pela [batata frita]?	**Posso prendere [un'insalata] al posto delle [patatine fritte]?**
Vou pedir o mesmo que você.	**Prendo lo stesso.**
Dois, por favor.	**Due, per favore.**
Que vinhos/cervejas vocês têm?	**Che vini/birre avete?**
Qual é o [prato] do dia?	**Qual è il [piatto] del giorno?**
O que você recomenda?	**Cosa ci consiglia?**
Queria o [purê de batatas] separado.	**Vorrei il [purè di patata] a parte.**
Nós vamos dividir isso.	**Dividiamo.**
Vocês têm pratos para crianças?	**Avete piatti per bambini?**
Vocês têm pratos vegetarianos?	**Avete piatti vegetariani?**
Vocês têm pratos *light*?	**Avete piatti dietetici?**
Gostaria de ver a carta de vinhos, por favor.	**Vorrei vedere la carta dei vini, per favore.**
Pode trazer um/mais um talher, por favor?	**Può portare una/un'altra posata, per favore?**
Você pode me trazer um garfo/colher/faca, por favor?	**Può portarmi una forchetta/un cucchiaio/un coltello, per favore?**

Você pode me trazer mais um/uma	garfo colher faca copo prato guardanapo	por favor?	Può portarmi un/un' altro/a	forchetta cucchiaio coltello bicchiere piatto tovagliolo	per favore?

Você pode me/nos trazer	ketchup mostarda sal pimenta açúcar adoçante queijo parmesão guardanapos palitos	por favor	Può portarmi/ci	del ketchup della mostarda del sale del pepe dello zucchero del dolcificante del formaggio del parmigiano dei tovaglioli degli stecchini	per favore?

Você pode me/nos trazer mais [pão], por favor?	**Può portarmi/ci dell'altro [pane], per favore?**

Você pode mandar esquentar meu prato, por favor?	Può chiedere di riscaldare il mio piatto, per favore?
Você pode chamar o(a) garçom (garçonete) que me/nos serviu, por favor?	Può chiamare il cameriere (cameriera) che mi/ci ha servito, per favore?
Não foi isso que eu pedi.	Non ho ordinato questo.
Eu pedi o...	Ho ordinato il...
Eu/nós pedi(mos) [2 águas].	Ho/abbiamo chiesto due [2 bottiglie di acqua].
Tem um [cabelo] no/a meu/minha [sopa].	C'è un capello nel/la mio/a [minestra].
Gostaria de falar com o gerente.	Vorrei parlare col direttore.
Nossa! O seu está com uma cara ótima.	Accidenti! Il tuo ha un ottimo aspetto.
Eu deveria ter pedido isso.	Avrei dovuto ordinare questo.
Como está seu [filé]?	Com'è la tua/sua [fettina]?
Parece ótimo.	Sembra ottimo.
Posso ver o cardápio de novo?	Posso vedere di nuovo il menù?
Você tem [chocolate]?	Ha del [cioccolato]?
Estava uma delícia, obrigado.	Era delizioso, grazie.
Posso/Podemos pedir para retirar esses pratos, por gentileza?	Posso/Possiamo chiederle di portar via questi piatti, per gentilezza?
Você me/nos traz a conta, por favor?	Mi/Ci porta il conto, per favore?
Só a conta, por favor.	Il conto, per favore.
Você pode embrulhar [o frango]?	Può mettere [il pollo] in un sacchetto?

No restaurante – Garçom	**Al ristorante – Cameriere**
Boa [tarde]. Mesa para [dois]?	Buon [giorno]. Tavolo per [due]?
Quantos são?	Quanti siete?
Há uma espera de [30 min].	C'è da aspettare [30 minuti].
Você(s) tem uma reserva?	Ha (avete) una prenotazione?
Você gostaria de deixar seu nome?	Vuole lasciare un nome?

Certo. Seu nome, por favor?	Certo. Il suo nome, per favore?
Você(s) gostaria(m) de esperar no bar?	Vuole (volete) aspettare al bar?
Eu chamo quando houver uma mesa.	Chiamo quando si libera un posto.
Eu volto num instante.	Torno tra un istante.
Querem começar com alguma bebida?	Volete bere qualcosa per cominciare?
Gostaria(m) de ver a carta de vinhos?	Vuole (volete) vedere la carta dei vini?
Quer(em) fazer o pedido?	Vuole (volete) ordinare?
Eu recomendo o...	Vi consiglio il...
Então, são...	Allora, sono...
Querem mais alguns minutinhos?	Volete ancora qualche minuto?
Tudo bem, eu já volto.	Va bene, torno subito.
Fique(m) à vontade.	Fate con comodo.
Está tudo bem?	Va tutto bene?
Posso tirar?	Posso togliere?
O senhor já terminou?	Il signore ha già finito?
Já terminaram?	Avete già finito?
Vou tirar isso do caminho.	Lo tolgo di mezzo.
Aceita(m) um café ou uma sobremesa?	Prende (Prendete) un caffè o un dessert?

Como pedir um café — **Come ordinare un caffè**

Na Itália o café é uma verdadeira instituição, uma bebida boa em qualquer situação. O clássico *caffè* servido no bar é, provavelmente, muito concentrado e curto para quem não estiver acostumado ao hábito italiano. A isso, se acrescentam várias opções: com leite, creme *chantilly*, espuma, chocolate, licor, grapa etc.

Para aprender alguns modos para pedir café, estude este pequeno glossário:

TIPOS DE CAFÉ MAIS COMUNS

caffè (normale) – simplesmente chamado de café, o tipo **"espresso"** é aquele preparado no bar, e o feito na **"moca, moka"**, aquele preparado em casa.

caffè ristretto – café expresso muito curto.

caffè lungo – café expresso menos concentrado.

caffè doppio – dois cafés expressos na mesma xícara.

caffè in vetro, vetrino – café expresso servido num copinho, com espuma e pingos de chocolate.

caffè corretto con ... – café expresso com pingos de licor, grapa ou com outra bebida alcoólica qualquer.

caffè macchiato – café expresso com pingos de leite.

caffè con panna – café com creme *chantilly*.

caffè shakerato – café *lungo* batido com gelo picado, açúcar e outros ingredientes opcionais.

decaffeinato – café sem cafeína.

cappuccino – café expresso com espuma de leite em cima, às vezes com canela e/ou chocolate.

caffellatte, caffelatte – copo de leite* com café expresso.

*O *latte* (leite) pode ser *intero* (inteiro), *scremato* (desnatado) e *parzialmente scremato* (semidesnatado).

Glossário para Entender um Cardápio em Italiano: Os termos mais comuns

O glossário a seguir foi elaborado para possibilitar ao turista-leitor a mais ampla compreensão de qualquer cardápio italiano. Impossível seria listar as descrições de todos os milhares de pratos da tradição culinária do *bel paese*, mas usando este guia você poderá sem dúvida entender os ingredientes principais utilizados nessas comidas, os modos de preparo, assim como qualquer outro termo usado nos mesmos cardápios.

a cubetti	picado em cubos
a fuoco lento	em fogo lento
a parte	separadamente
a persona	por pessoa
a strati	em camadas
acciughe	anchovas
aceto	vinagre
acido	ácido
acqua	água
acqua frizzante/gassata	água com gás
acqua liscia	água sem gás
acqua minerale	água mineral
acqua salata	água salgada
acre	azedo
addizionale	adicional
affettare	fatiar, cortar
affettati	frios, embutidos
affettato	fatiado
affumicato	defumado
aglio	alho
agnolotti	tipo de massa parecido com *ravioli* (v. pág. 72)
agrodolce	agridoce
agrumi	citrinos
al cartoccio	modo de preparo da comida no forno, embrulhada em uma folha de papel de forno ou alumínio

Glossário para Entender um Cardápio em Italiano:
Os termos mais comuns

al dente	ao dente; de massa que não passa do tempo de cozimento, para se manter bem consistente
al gratin	sistema de cozimento no forno com *besciamella*, queijo e pão ralado para formar uma crosta fina em cima da comida
al nero di seppia	molho muito gostoso preparado com a tinta da lula
al sangue	mal passado/a
al sugo	ao molho
al vapore	no vapor
albicocca	abricó
albume	clara de ovo
alici	anchova
all'amatriciana	tipo de molho à base de tomate, cebola, bacon e queijo *pecorino* (v. pág. 73) ralado
all'aperto	ao aberto
alla brace	na brasa
alla cacciatora	levemente frito em azeite, tomate, cebola e temperado com várias ervas
alla carbonara	preparado com molho à base de bacon, ovo, pimenta e queijo *pecorino* (v. pág. 73) ralado
alla carta	segundo a lista do cardápio, à la carte
alla fiamma	cozido em fogo alto
alla marinara	molho marinara
alla moda antica	à moda antiga
alla parmigiana	à parmegiana
alla puttanesca	preparado com molho à base de anchova, azeitona preta, alcaparra e tomate
allo scoglio	preparado com molho à base de frutos do mar
allo spiedo	no espeto
amarena	ginja
amaretti	bolinhos à base de creme de amêndoa amarga

Glossário para Entender um Cardápio em Italiano: Os termos mais comuns

amaretto	licor de sabor parecido com *amaretti*
amaro	(s.m.) tipo de bebida alcoólica de sabor amargo
amaro/a	(adj.) amargo/a
ananas	abacaxi
anatra, papera	pato
anguilla	enguia
anguria	melancia
antipasto	entrada
aperitivo	aperitivo
appetito	apetite
arachidi	amendoim
aragosta	lagosta
arancia	laranja
arancino	laranjinha
arborio	tipo de arroz italiano de grão grosso e perolado
arrosto	assado
asiago	tipo de queijo semicozido de leite de vaca
asparagi	aspargos
assaggio (gratis)	amostra (grátis)
astice	lavagante; crustáceo, espécie de lagosta
avena	aveia
avocado	abacate
baccalà	bacalhau
bagnati/e nel	mergulhados/as em
bagnato	embebido
bagnomaria	banho-maria
baguette	pão baguette
balsamico	balsâmico
banana	banana

Glossário para Entender um Cardápio em Italiano:
Os termos mais comuns

banana split	banana split
barbabietola	beterraba
barbecue	churrasco
basilico	manjericão
bavette	tipo de massa comprida e fina
ben cotto/a	bem-passado/a
besciamella	molho bechamel
bevande, bibite	bebidas
bicchiere	copo, taça
birra	cerveja
birra alla spina	chope
birra bionda, chiara	cerveja clara
birra doppio malto	cerveja de duplo malte
birra rossa	cerveja de cor avermelhada
birra scura	cerveja escura
biscotti assortiti	biscoitos sortidos
biscotto	biscoito
bistecca	bisteca
boccale	caneca
bottiglia	garrafa
bra	tipo de queijo de massa mole, feito com leite de vaca
braciola	bife cozido na frigideira ou na brasa
brandy	conhaque
branzino	robalo
brasato	carne de boi cozida em fogo lento na panela, com temperos diversos e pouco caldo
bresaola	tipo de carne de boi adulto salgada e dessecada
brie	tipo de queijo cremoso; queijo *brie*
broccoli	brócolis

Glossário para Entender um Cardápio em Italiano: Os termos mais comuns

brodetto di pesce	caldeirada
brodo	caldo
bruciato	queimado
bruschetta/crostini	torrada com azeite de oliva e sal, mais outros sabores à escolha
bucatini	tipo de massa comprida, parecida com um canudo
buccia	casca
budino	pudim
buffet	bufê
burro	manteiga
cacio	queijo
caciocavallo	tipo de queijo de massa dura em forma de cabaça
caciotta/caciottina	tipo de queijo de massa mole, em forma achatada e redonda
caffè	café (v. pág. 78)
caglio	coalho
calamaretti	pequenas lulas
caldo	quente
calorie	calorias
calzone	tipo de pizza, mas fechada
cameriere/a	garçom/garçonete
canditi	fruta cristalizada
cannella	canela
cannolo	massa doce de forma cilíndrica, recheada e cozida no forno: especialidade siciliana
capelli d'angelo	massa cabelo-de-anjo
capitone	enguia grande
cappelletti	tipo de massa parecida com *tortellini*
capperi	alcaparras

Glossário para Entender um Cardápio em Italiano:
Os termos mais comuns

cappone	galo castrado, de carne particularmente macia
capra	cabra
caprese	tipo de salada à base de tomate, mussarela e azeitona
caraffa	jarra
caramellato/a	caramelizado/a
carbone	carvão
carbonizzato	carbonizado
carciofo	alcachofra
cardi	cardos
carne	carne
carne macinata	carne moída
carne tritata	carne picada
carota	cenoura
carpa	carpa
casa (della)	casa (da)
casereccio	caseiro
casseruola	panela ou tigela com tampa que vai ao forno; caçarola
castagna	castanha
cavatelli	tipo de massa curta, entre nhoque e *orecchiette* (v. pág. 72)
caviale	caviar
cavolfiore	couve-flor
cavolo	couve
cece, cecio	grão-de-bico
cena	jantar
cereale	cereal
cernia	cherne
cesta, cestino	cesta (ex. *cestino di pane* = cesta de pães)

Glossário para Entender um Cardápio em Italiano: Os termos mais comuns

cetriolo	pepino
chicco/i	grão/s
ciabatta	pão de forma achatada
ciambella, ciambellina, ciambellone	rosca de vários tamanhos
ciccioli	torresmos
ciliegia	cereja
cime di rapa	cimeiras de nabo
cinghiale	javali
cioccolata calda	chocolate quente
cioccolata, cioccolato	chocolate
cioccolatino	bombom de chocolate
cioccolato al latte	chocolate ao leite
cioccolato fondente	chocolate amargo
ciotola	tigela
ciotola di minestra	tigela de sopa
cipolla	cebola
cipollina	cebolinha
citrico	cítrico
coccio, terracotta	barro
cocco	coco
cocktail	coquetel
coda alla vaccinara	prato à base de rabo de bezerro umedecido, com *guanciale*: típico da cozinha romana
cognac	conhaque
colazione	café da manhã
con contorno di	acompanhado de
con un tocco di	com um toque de
condimento	tempero, condimento
condito	temperado

Glossário para Entender um Cardápio em Italiano: Os termos mais comuns

condito con	temperado com
congelato	congelado
cono	casquinha de sorvete
contorno	acompanhamento
coperto	(s.m.) valor fixo a ser pago por cada cliente
coperto	(adj.) coberto
coppa	embutido de carne bovina
coppa, coppetta	taça
coriandolo	coentro
coscia, cosciotto	coxa
costata/costatella	entrecosto
costoletta	costela
cotechino	pernil de porco cozido
cotoletta	bife empanado e frito
cotoletta alla milanese	bife à milanesa
cotto	cozido
cotto al vapore	cozido no vapor
couscous	prato árabe que consiste em uma espécie de grãos de farinha de trigo duro
cozze	mexilhões
crema chantilly	*chantilly*
crème brulée	sobremesa feita de manjar coberto de açúcar caramelizado
crème caramel	creme de caramelo
cremoso/a	cremoso/a
crèpe	crepe
crespelle, crispellle	tipo de massa parecida com *cannelloni* (v. pág. 72)
croccante	crocante
crocchetta	croquete

Glossário para Entender um Cardápio em Italiano: Os termos mais comuns

crosta	borda, crosta
crostini di pane	cubinhos de pão torrado
crudo	cru
culatello	embutido parecido com mortadela
cuore del carciofo	miolo da alcachofra
curry	caril, *curry*
da asporto (cibo)	para viagem, para levar (comida)
dado	caldo: de galinha, de legumes etc.
dentice	pargo
dessert	sobremesa
di stagione	da estação
digestivo	qualquer bebida, normalmente alcoólica, que se toma no final das refeições para facilitar a digestão
disossato/a	desossado/a
disponibile (dopo le 17h)	disponível (depois das 17h)
DOC	Denominação de Origem Controlada
DOCG	Denominação de Origem Controlada e Garantida
dolce	(adj.) doce
dolce	(s.m.) bolo, doce
doppio	duplo
dozzina	dúzia
drink	drinque
dry	seco
eliche	tipo de massa curta de forma parecida com *fusilli* (v. pág. 72)
emmental	tipo de queijo suíço de massa dura
erba	erva
escluso/a	excluído/a
essiccato/a	seco/a, ressecado/a

Glossário para Entender um Cardápio em Italiano:
Os termos mais comuns

extra	a um custo adicional, por fora
extra-dry	extrasseco
fagiano	faisão
fagioli	feijões
fagiolini	feijões verdes
faraona	galinha-d'angola
farina	farinha
farina di grano duro	farinha de trigo duro
farro	espécie de arroz de trigo duro, usado especialmente na sopa
fegato/fegatino	fígado
fetta	fatia
fette biscottate	torradas usadas normalmente no café da manhã, acompanhadas de manteiga, geléia etc.
fettina	bife
fico	figo
filetto di carne	filé, filé *mignon*
filetto di pesce	filé de peixe
filone, filoncino	tipo de pão parecido com baguette, de crosta mais dura
fino/a	fino/a
finocchio	funcho, erva-doce
fiorentina (bistecca alla)	bisteca muito alta característica de Florença
fiume (di)	rio (de)
flambé	flambado
focaccia	pão redondo e achatado
fonduta	creme de queijo com *fontina*, clara de ovo, manteiga e leite cozidos em banho-maria; originário das regiões de Piemonte e Val d'Aosta
fontina	tipo de queijo doce de massa cozida e dura
formaggio	queijo

Glossário para Entender um Cardápio em Italiano: Os termos mais comuns

formaggio di capra	queijo de cabra
formaggio di pecora	queijo de ovelha
formaggio vaccino	queijo de vaca
forno a legna	forno a lenha
fragola	morango
frappé, frullato	batida
freddo	frio
frittata	omelete
frittelle	fritura
fritto/a	frito/a
frutta	fruta
frutta candita	fruta cristalizada
frutta di stagione	fruta da estação
frutta fresca	fruta fresca
frutti di bosco	frutas silvestres
frutti di mare	frutos do mar
funghi	cogumelos
funghi porcini	tipo de cogumelo muito saboroso; *porcini*
galletto	galeto
gallina	galinha
gamba	perna
gamberetto	camarão miúdo
gambero	camarão
gamberone	camarão grande
gassosa	tipo de refrigerante, doce e transparente, com muito gás
gelatina	gelatina
gelato[1]	(adj.) gelado
gelato[2]	(s.m.) sorvete

Glossário para Entender um Cardápio em Italiano: Os termos mais comuns

germogli	brotos
ginepro	zimbro
giornalmente	diariamente
glace	glacê
gorgonzola	tipo de queijo (v. pág 73)
gouda	tipo de queijo holandês
Grana padano®	tipo de queijo parmesão
granchio	caranguejo
grande	grande
grappa	grapa; aguardente de uva com forte gradação alcoólica
grasso	gordura
gratinato	gratinado
grato	agradecido
grattato/a	ralado/a
griglia	grelha
grigliata	churrasco
grigliata di carne	churrasco de carne
grigliato	grelhado
gruviera	tipo de queijo suíço
guanciale	tipo de bacon
guscio	casca
hamburger	hambúrguer
IGT	Indicação Geográfica Típica
impanato e fritto	à milanesa
impanato/a	empanado/a
incluso/a	incluído/a
indivia	endívia
indorato	dourado

Glossário para Entender um Cardápio em Italiano: Os termos mais comuns

ingredienti	ingredientes
innaffiato/a nel	banhado em
insalata di riso	prato à base de arroz frio e bem solto, acompanhado de vários ingredientes (atum, picles, ovo etc.)
insalata russa	salada russa
insalata verde	salada verde, de folhas
invecchiato	envelhecido
involtino	carne enrolada
lampone	framboesa
lardo	lardo
lasagna/e	lasanha (v. pág. 72)
latte	leite
latticini	laticínios
lattina di...	lata de...
lattuga	alface
legumi	legumes
lemoncello, limoncello	licor à base de limão
lenticchie	lentilhas
lepre	lebre
lesso	cozido
lievemente	levemente, delicadamente
limonata	limonada
limone	limão
liquirizia	raiz-doce
liquore	licor
locanda	v. *osteria* (v. pág. 95)
lombata	lombo
lonza	tipo de embutido, feito do lombo de porco
luccio	lúcio

Glossário para Entender um Cardápio em Italiano:
Os termos mais comuns

lumaca	*escargot*, caracol
lumachine di mare	pequenos caracóis de mar
maccheroni	macarrão; tipo de massa em forma de canos que pode ter vários tamanhos
macedonia	salada de frutas
macinato/a	moído/a
magro	magro
maiale	porco
maionese	maionese
mancia	gorjeta
mandarino	tangerina
mandorla	amêndoa
mango	manga
manicaretto	manjar
mare (di)	mar (de)
mare e monti	prato ou *pizza* que combina elementos de carne e peixe
margarina	margarina
marinato	marinado
marmellata	geléia
marsala	vinho doce siciliano
mascarpone	tipo de queijo suave
maturo	amadurecido
mela	maçã
melanzana	berinjela
melone	melão
menta	menta/hortelã
menù completo	cardápio composto normalmente de entrada, prato principal e sobremesa
merluzzo	merlúcio, merluza

Glossário para Entender um Cardápio em Italiano: Os termos mais comuns

mezza bottiglia	meia garrafa
mezza porzione	meia porção
mezze maniche	tipo de massa parecida com *rigatoni* (v. pág. 72) mais curta
mezzo/a	meio/a
miele	mel
miglio	milho
minestra	sopa
minestra del giorno	sopa do dia
minestrone	sopa de legumes
mirtillo	tipo de fruto silvestre
misto/a	misturado/a, variado/a
molluschi	moluscos
montone	carneiro
mora	amora
morbido/a	macio/a
moscato	moscatel
mostarda	mostarda
mousse	*mousse*
mozzarella	mussarela (v. pág. 73)
mozzarella in carrozza	mussarela frita em duas fatias de pão com anchova e ovo, tradicional de Nápoles
nocciola	avelã
noccioline	amendoim
noci	nozes
oca	ganso
ogni	cada
olio	azeite
olio d'oliva	azeite de oliva
olio di semi di girasole	óleo de girassol

Glossário para Entender um Cardápio em Italiano:
Os termos mais comuns

oliva	azeitona
oliva ascolana	azeitona empanada e recheada, originária de Ascoli Piceno, na região de Marche
olive nere	azeitonas pretas
orata	dourada
ordine	pedido
organico	orgânico
origano	orégano
osso	osso
osteria	taberna, tasca
ostriche	ostras
pachino	tipo de tomate-cereja, cultivado em Pachino, na região da Sicília
padella	frigideira
paglia e fieno	duas variedades de massa *tagliatelle* (v. pág. 72), amarelas e verdes, cozidas juntas
pagnotta, pagnottella	tipo de pão de forma arredondada
palombo	tipo de peixe; galhudo
pan di spagna	doce à base de farinha, fécula de batata, ovo, açúcar e manteiga
pancetta	bacon
pane arabo	pão árabe
pane francese	pão francês
pane integrale	pão integral
panino	sanduíche
panna	creme de leite
panna fresca	creme de leite fresco
panna montata	creme de leite batido
panzerotto	risole
papaia	mamão

Glossário para Entender um Cardápio em Italiano: Os termos mais comuns

pappardelle	tiras mais finas de lasanha cozidas em água ou caldo e temperadas com salsa de tomate e carne (de coelho, javali...)
parmigiano	queijo parmesão
parmigiano grattugiato	queijo parmesão ralado
Parmigiano reggiano®	tipo de queijo parmesão
passito	tipo de vinho doce e licoroso
pasta	massa (v. pág. 72)
pasta all'uovo	massa de ovos
pasta frolla	massa leve para bolo doce à base de farinha, manteiga, açúcar e gema de ovo
pasta sfoglia	massa folhada
pasticcino	pequeno doce
pasticcio	comida recoberta de massa e cozida no forno
pastinaca	pastinaca: tubérculo da família do nabo
pasto	refeição
patata arrosto	batata assada
patata bollente	batata quente
patatine fritte	batatas fritas
patè	patê
penne	tipo de massa (v. pág. 72)
pentola	panela
pentola a pressione	panela de pressão
pepato	apimentado
pepe	pimenta
pepe nero	pimenta-preta
peperoncino	malagueta, piripiri
peperone (rosso, verde)	pimentão (vermelho, verde)
pera	pera
pesca	pêssego

Glossário para Entender um Cardápio em Italiano:
Os termos mais comuns

pesce	peixe
pesce persico	perca
pesce spada	peixe-espada
pesto	molho à base de manjericão, alho, pinhão, azeite e queijo *pecorino*, originário da cidade de Gênova
petto	peito
petto di pollo	peito de frango
pezzettini	pedacinhos
piadina	tipo de *focaccia*, característica da região de Emilia-Romagna
piattino	pires
piatto	prato
piatto del giorno	prato do dia
piccante	picante
piccolo	pequeno
pinta	medida usada às vezes para a cerveja que equivale aproximadamente a meio litro (560 ml)
piselli	ervilhas
pistacchio	pistache
più fino/a	mais fino/a
poco cotto/a	pouco cozido/a, mal passado/a
polenta	polenta
pulipo, pulpo	polvo
pollo	frango
pollo arrosto	frango assado
polpa	polpa
polpa di granchio	casquinha de caranguejo
polpetta	almôndega
polpettone	rolo de carne
pomodori pelati	tomate sem pele

Glossário para Entender um Cardápio em Italiano: Os termos mais comuns

pomodori secchi	tomate seco
pomodorino	tomate-cereja
pomodoro	tomate
popcorn	pipoca
porchetta	leitão
porro	alho-poró
portata	prato
porzione	porção, guarnição
porzione intera	porção inteira
pranzo	almoço
prezzemolo	salsinha
prezzo fisso	cardápio com uma variedade de pratos por um preço fixo
prosciutto cotto	presunto
prosciutto crudo	presunto cru
prosecco	tipo de vinho branco seco e frisante, originário do nordeste da Itália
provolone	tipo de queijo (v. pág. 73)
prugna/e	ameixa/s
prugne secche	ameixas secas
purè	purê
puro	puro
quarto, quartino	um quarto de litro (250 ml)
quattro formaggi	molho à base de vários tipos de queijos
radicchio	*radicchio*
raffinato	refinado, "chique"
ragù	molho à bolonhesa
rapa	nabo
ravanello	rabanete
ravioli	ravióli (v. pág. 72)
ribes	groselha

Glossário para Entender um Cardápio em Italiano: Os termos mais comuns

ricco	rico
ricoperto di cioccolata	coberto de chocolate
ricotta	ricota (v. pág. 73)
rigatoni	tipo de massa (v. pág. 72)
ripieno	(s.m.) recheio
ripieno/a	(adj.) recheado/a
riso integrale	arroz integral
risotto	risoto
rosetta	pãozinho em forma de rosa achatada
rucola	rúcula
rum	rum
salame	salame
sale	sal
salmone	salmão
salmone affumicato	salmão defumado
salsa	molho
salsiccia	linguiça
saltato	frito rapidamente em pouco óleo
salumi	embutidos
salvia	sálvia
saporoso	saboroso
sarde	sardas
sardina	sardinha
scaglie	lascas
scaloppina	bife de carne de vitela cozido em fogo alto e, às vezes, acompanhado de vinho
scamorza	tipo de queijo de vaca ou cabra, de massa mole e com forma de pera
scelta di	escolha de
sciolto/a	derretido/a
sciroppo	xarope, calda
scombro	sarda

Glossário para Entender um Cardápio em Italiano: Os termos mais comuns

secco	seco
sedano	aipo
segale (pane di)	centeio (pão de)
selvaggina	carne de caça
selvatico	silvestre, selvagem
senza carne	sem carne
senza grassi	sem gordura
senza latticini	sem laticínios
servito al	servido em
servito con	servido com
sesamo	gergelim
sfilatino	tipo de pão, v. *filoncino* (v. pág. 89)
sfoglia	folha, massa passada pelo rolo
sherry	xerez
snack bar	lanchonete
soave	suave
sogliola	linguado (peixe)
sorbetto	*sorbet*
sorbetto al limone	*sorbet* de limão
sottaceto	em conserva
soufflé	suflê
specialità	especialidade
speck	tipo de presunto cru defumado
spezzatino	picadinho
spiedino	espetinho
spiedo	espeto giratório (muito usado nas padarias brasileiras para assar galeto)
spigola	sin. de *branzino*; robalo
spinaci	espinafre
spremuta	suco
spremuta d'arancia	suco de laranja
spruzzato di	salpicado com, respingado com

Glossário para Entender um Cardápio em Italiano:
Os termos mais comuns

spumante	espumante
spuntino	lanche
squalo	tubarão
storione	esturjão
strato	camada
strogonoff	estrogonofe
strutto	banha de porco
stufato	estufado
stuzzichini	petiscos
succo	suco
succo di frutta	suco de fruta engarrafado
succo di pomodoro	suco de tomate
succulento	suculento
sugo	molho
sugo di carne	molho de carne
supplì	risole de arroz
surgelato	congelado
susina/e	ameixa/s
tacchino	peru
tagliato a mano	cortado à mão
tagliolini	*tagliatelle* (v. pág. 72) bem fininhas
taleggio	tipo de queijo de massa mole e madura
tamarindo	tamarindo
tartina	fatia de pão, torrada
tartufo	trufa
taverna	taberna
tazza, tazzina	xícara
teglia	assadeira
timballo	timbale; pastelão com recheios diversos
timo	tomilho, timo
tiramisù	doce à base de *pan di spagna*, café e outros ingredientes

Glossário para Entender um Cardápio em Italiano: Os termos mais comuns

toast	torrada
tonno	atum
torta	torta
torta di banana	torta de banana
torta di mele	torta de maçã
torta millefoglie	bolo mil-folhas
tortelli	*tortellini* (v. pág. 72) maior
tortellini	tipo de massa (v. pág. 72)
tostato	torrado
tradizionale	tradicional
tramezzino	sanduíche
trattoria	restaurante normalmente mais simples e barato
treccia	tipo de pão em forma de trança
trifolato	fricassê
triglia	salmonete
trippa	tripa
tritato	moído/picado
trota	truta
tuorlo d'uovo	gema do ovo
tutto compreso	tudo incluído
uova strapazzate	ovos mexidos
uovo à la (alla) coque	ovo cozido por 2/3 minutos
uva	uva
uva passa	uva-passa
vaniglia	baunilha
varietà (di)	variedade (de)
vegetariano	vegetariano
verdure	verduras
vermicelli	tipo de massa comprida, mais fina que espaguete
vigna, vigneto	vinha, vinhedo
vino	vinho

Glossário para Entender um Cardápio em Italiano:
Os termos mais comuns

vino barricato	vinho envelhecido em barris de madeira, em particular de roble
vino bianco	vinho branco
vino cotto	vinho cozido; arrobe
vino da tavola	vinho de mesa
vino novello	vinho de nova vindima
vino rosato	vinho *rosé*
vino rosso	vinho tinto
vitigno	videira
vodka	vodca
Vol-au-vent	*Vol-au-vent*; massa folhada com recheio de verdura, carne etc.
wafer	*wafer*; massa seca e crocante
whisky	uísque
wurstel	salsicha
yogurt	iogurte
zabaione	gemada
zafferano	açafrão
zampone	pernil de porco recheado
zenzero	gengibre
ziti	tipo de massa parecida com *penne* e *rigatoni*
zucca	abóbora
zucchero	açúcar
zucchero di canna	açúcar de cana
zucchero di canna grezzo	açúcar mascavo
zucchero filato	algodão-doce
zucchero in polvere	açúcar em pó
zucchina	abobrinha
zuppa	sopa
zuppa di pesce	caldeirada
zuppa inglese	doce à base de *pan di spagna* e licor, recheado de creme e chocolate

Glossário de Alimentos

O glossário anterior ("Glossário para entender um cardápio em italiano") serve para decifrar (quase) qualquer cardápio em italiano, enquanto este glossário permite ao leitor uma rápida consulta do que quer pedir. (As expressões usadas para fazer esses pedidos se encontram na página 75.)

Português	Italiano
abacate	avocado
abacaxi	ananas
abóbora	zucca
abobrinha	zucchina
açafrão	zafferano
acompanhamento	contorno
açúcar	zucchero
açúcar-mascavo	zucchero di canna grezzo
agridoce	agrodolce
água	acqua
água com gás	acqua gassata
água da torneira	acqua del rubinetto
água mineral	acqua minerale (una bottiglia)
água salgada	acqua salata
água sem gás	acqua liscia
aipo	sedano
alcachofra	carciofo
alcaparras	capperi
alecrim	rosmarino
alface	lattuga
alho	aglio
alho-poró	porro
almoço	pranzo

Glossário de Alimentos

almôndega	polpetta
ameixa	prugna, susina
amêndoa	mandorla
amendoim	arachidi, noccioline
anchovas	acciughe
ao pesto	al pesto
apetite	appetito
apimentado	pepato
arroz Arborio	riso Arborio
arroz branco	riso bianco
arroz com feijão	riso con fagioli
arroz integral	riso integrale
aspargo	asparago
assado	arrosto (al forno)
atum	tonno
avelã	nocciola
azeite de oliva	olio di oliva
azeitona	oliva
azeitonas pretas	olive nere
bacalhau	baccalà
bacon	pancetta, guanciale
banana	banana
batatas fritas	patatine fritte
bebida/s	bevanda/e, bibita/e
berinjela	melanzana
biscoito	biscotto
bolo	dolce, torta
bolonhesa	ragù
borda	crosta

Glossário de Alimentos

brócolis	broccoli
brotos	germogli
bufê	buffet
cachorro-quente	hot dog
café	caffè
café com leite	caffellatte, caffelatte
café da manhã	colazione
caldo	brodo; dado (*caldo de galinha, legumes etc.*)
camarão	gambero
caneca	boccale
canela	cannella
caranguejo	granchio
cardápio	menù
cardápio de sobremesa	menù dei dolci, dei dessert
carne	carne
carne branca	carne bianca
carne de churrasco	grigliata di carne
carne de porco	carne di maiale
carne de vitela	carne di vitello
carne moída	carne macinata
carneiro	montone
casca	buccia, guscio
caseiro	casereccio, della casa
casquinha de sorvete	cono
cebola	cipolla
cenoura	carota
cereal	cereale
cereja	ciliegia
cerveja	birra

Glossário de Alimentos

chá	the, tè
chá gelado	the, tè freddo
chá-preto	the, tè nero
chantilly	crema chantilly
chocolate meio-amargo	cioccolato fondente
chocolate quente	cioccolata calda
churrasco	grigliata, barbecue
clara de ovo	albume
cobertura	al coperto
coco	cocco
cogumelo	fungo
colher	cucchiaio
condimentos	condimenti
conhaque	brandy
copo	bicchiere
costelas	costolette
costeleta de cordeiro	costoletta di agnello
couve-flor	cavolfiore
coxa	coscia
creme de leite	panna
cremoso	cremoso
crocante	croccante
cru	crudo
da estação	di stagione
defumado	affumicato
derretido	sciolto
desossado	disossato
doce	dolce
drinque	drink

Glossário de Alimentos

dúzia	dozzina
empanado	impanato
enguia	anguilla
entrada	antipasto
erva	erba
ervilhas	piselli
especiais (pratos especiais)	speciali (piatti speciali)
especialidades	specialità
espeto	spiedo
espinafre	spinaci
espremido	spremuto
fatia	fetta
fatiado	affettato
feijão	fagioli
fígado	fegato
filé de carne bovina	filetto di carne bovina
filé de peixe	filetto di pesce
filé *mignon*	filetto
fino/a	fino/a
forno a lenha	forno a legna
framboesa	lampone
frango	pollo
fresco/a	fresco/a
frio	freddo
frios, embutidos	affettati
frito	fritto
fruta	frutta
fruta fresca	frutta fresca
frutos do mar	frutti di mare

Glossário de Alimentos

ganso	oca
garçom	cameriere
garçonete	cameriera
garfo	forchetta
garrafa	bottiglia
gasosa	gassosa
gelado	gelato
gema de ovo	tuorlo d'uovo
gengibre	zenzero
gergelim	sesamo
gorjeta	mancia
grande	grande
grão-de-bico	cece, cecio
grelhado	grigliato
groselha	ribes
guardanapo	tovagliolo
hambúrguer	hamburger
hambúrguer de peru	hamburger di tacchino
hortelã	menta
integral	integrale
iogurte	yogurt
jantar	cena
jarra	caraffa
lagosta	aragosta
lanche	spuntino
laranja	arancia
lata de...	lattina di...
laticínios/lácteo	latticini
legumes	legumi

Glossário de Alimentos

leite	latte
lentilhas	lenticchie
limão	limone
limonada	limonata
linguiça	salsiccia
lombo	lombo
lula	seppia, calamari
maçã	mela
macio/a	morbido/a
magro/a (carne)	magro/a (carne)
maionese	maionese
mal passado	al sangue
mamão	papaia
manga	mango
manjericão	basilico
manteiga	burro
maracujá	maracujá
mariscos	frutti di mare
massa	pasta
médio	medio
meia garrafa	mezza bottiglia
meia porção	mezza porzione
meio	mezzo
mel	miele
melão	melone
mexilhões	cozze
milho	miglio
misturado/variado	misto
molho	sugo

Glossário de Alimentos

morango	fragola
morno	tiepido
mostarda	mostarda
no espeto	allo spiedo
nozes	noci
óleo de girassol	olio di semi di girasole
omelete	frittata
orégano	origano
osso	osso
ostras	ostriche
ovo	uovo
ovo cozido	uovo sodo
ovos mexidos	uova strapazzate
palitos	stecchini, stuzzicadenti
pão	pane
pão integral	pane integrale
para viagem	da asporto
patê	pâté
pato	anatra, papera
pedaço	pezzo
pedido	ordine
pedir (fazer um pedido)	ordinare
peito	petto
peixe	pesce
peixe do dia	pesce di giornata
pepino	cetriolo
pequeno	piccolo
pera	pera
perna, coxa	cosciotto, coscia

Glossário de Alimentos

peru	tacchino
pêssego	pesca
petisco, lanche	stuzzichino, spuntino
pimenta	pepe
pimentão	peperone
pipoca	popcorn
pistache	pistacchio
polvo	polipo, polpo
por pessoa	a persona
porção	porzione
prato	piatto, portata
prato principal	piatto principale
presunto	prosciutto cotto
presunto cru	prosciutto crudo
purê	puré
puro	puro
queijo	formaggio
queijo parmesão, queijo parmesão ralado	parmigiano, parmigiano grattugiato
quente	caldo
rabanete	ravanello
ralado	grattugiato
recheado	ripieno
recheio	ripieno
refeição	pasto
refrigerante	bibita
rúcula	rucola
saboroso	saporito
sal	sale
salada	insalata

Glossário de Alimentos

salada de atum	insalata di tonno
salada verde	insalata verde
salame	salame
salgado	salato
salmão	salmone
salmão defumado	salmone affumicato
salsicha	wurstel
salsinha	prezzemolo
sanduíche	panino, tramezzino
seco	secco
self-service	self-service
sem carne	senza carne
sem casca/pele	sbucciato, senza pelle
sem gordura	senza grassi
sem lactose	senza lattosio
sementes de abóbora	semi di zucca
semidesnatado	parzialmente scremato
separado	a parte
simples	semplice
sobremesa	dessert
soja	soia
sopa	zuppa, minestra
sopa de ervilhas	zuppa di piselli
suco	succo, spremuta
suco de abacaxi	succo d'ananas
suco de laranja	spremuta d'arancia
suco de tomate	succo di pomodoro
suculento/a	succulento/a
taça	bicchiere da vino, da spumante

Glossário de Alimentos

tangerina	mandarino
tempero	condimento
tigela	scodella
tomate	pomodoro
tomate seco	pomodori secchi
torradas	toast
torrado (adj.)	tostato
torta	torta
torta de maçã	torta di mele
trufa	tartufo
truta	trota
uva-passa	uva passa
vegetariano	vegetariano
vinagre	aceto
vinho (tinto, branco)	vino (rosso, bianco)
vitela	vitello
xícara	tazza, tazzina

9 Vida noturna
Vita notturna

Um dos elementos mais diferentes do Brasil em relação a bares e boates em alguns países do exterior é a forma de pagamento.

Na Itália, por exemplo, não se costuma dar uma comanda de consumo ao cliente. Ou seja, em vez de ter um cartão que controle as despesas até a saída, o cliente é obrigado a pagar a cada pedido que faz. Normalmente, é o próprio *barman* ou garçom/garçonete que recebe o pagamento.

E, como já assinalado anteriormente neste guia, em locais públicos é proibido fumar.

PALAVRAS-CHAVE	PAROLE-CHIAVE
bar	bar, pub
cerveja	birra
chope	birra alla spina
lata	lattina
lotado, cheio	pieno
mesa	tavolo
vinho	vino

Pedindo bebidas	Ordinando da bere
Um(a) [cerveja], por favor.	Un(a) [birra], per favore.
Quero um(a) [cerveja], por favor.	Vorrei un(a) [birra], per favore.
Quais são a/as [cervejas] que tem?	Che [birre] avete?
Qual você recomenda?	Quale mi (sing.) / ci (pl.) consiglia?

Descrevendo uma casa noturna uma vez dentro	Descrivendo un locale notturno una volta dentro
Não tem uma alma viva.	Non c'è anima viva.
Está meio parado para uma (sexta) à noite.	C'è poco movimento per essere un (venerdì) sera.
Está cheio!	È tutto pieno!
Está lotado!	Non c'è posto!
A música está muito alta!	La musica è molto alta!

Descrevendo um drinque	Descrivendo un drink
É muito forte.	È molto forte.
Sobe muito rápido.	Viene su molto velocemente.
Me dá ressaca.	Mi dà la nausea.
O melhor [chope] que já tomei foi em...	La miglior [birra alla spina] che abbia mai preso è stato a...

Falando sobre bebida	A proposito del bere
Não posso beber. Estou dirigindo.	Non posso bere. Sto guidando.
Não posso beber. Estou tomando remédio.	Non posso bere. Sto prendendo una medicina.
Não bebo.	Non bevo.
Acho que já chega.	Penso che già basti.
Já subiu.	È già venuto su.
Estou meio alegre.	Sono mezzo brillo.
Sou fraco para bebida.	Reggo poco il bere.
A bebida me sobe muito depressa.	Il bere mi viene su molto velocemente.
Tá bom, a saideira.	OK, l'ultimo.
Tá bom, só um pinguinho/dedinho.	OK, solo un dito.
Estou bêbado.	Sono ubriaco.
Vou me arrepender disso amanhã.	Domani me ne pentirò.
Enchi a cara ontem.	Ho preso una sbronza ieri.
Bebi todas.	Ho bevuto di tutto.
Estou com (a maior) ressaca.	Ho una (grandissima) nausea.
Bebi demais.	Ho bevuto troppo.

10 Compras e serviços
Acquisti e servizi

Quem não gosta de fazer compras, principalmente quando há uma promoção "imperdível"? É ainda mais difícil deixar de comprar quando se trata de um serviço ou produto que é difícil de achar ou quando esse produto/serviço é muito mais caro no Brasil.

O que pode valer a pena comprar é, sobretudo, material eletrônico, mas lembre-se de que o total de suas compras no exterior não pode exceder a quantia de US$500, para não ter de pagar impostos na alfândega, voltando ao Brasil. Não se esqueça, após apresentação do passaporte, de pedir e preencher nas lojas que tenham o "Tax Free" um formulário que consente a devolução do IVA (cerca de 15%), já incluído no valor da compra. A operação para obter este reembolso, porém, não é das mais rápidas: você tem que mostrar as mercadorias e o formulário preenchido e devidamente carimbado pela/s loja/s ao posto alfandegário do último aeroporto da União Européia de saída para o Brasil, para depois se dirigir ao balcão "Tax Free" ou "Tax Refund" para a efetiva devolução do dinheiro.

TERMOS FREQUENTEMENTE USADOS EM VENDA

saldi	saldos, promoções
solo ... euro	apenas ... euros
vendita promozionale	venda a preços promocionais
liquidazione	liquidação
svendita totale	queima
da scontare alla cassa	desconto a ser realizado no caixa
ogni	cada
omaggio	brinde

a partire da	a partir de; ex. *Computer portatili da € 600* ("Notebooks a partir de 600 euros")
da	de; ex. *Da € 50 a € 25* ("de 50 a 25 euros")
per cessazione attività	"fechando o negócio"
prezzo scontato	preço reduzido
sconto già calcolato sui cartellini	descontos já calculados nas etiquetas
acquisto	compra
buono	um tipo de bônus dado no ato da compra
scontrino	recibo
risparmi!	economize!
risparmio	economia
fino a	até; ex. *Fino al 50% di sconto* ("Até 50% de desconto")
fino ad esaurimento merce	enquanto durarem os estoques
con l'acquisto	com a compra
paghi due prendi tre	pague dois, leve três
vendita rateale	venda parcelada

Veja no Apêndice 5 a moeda européia: euro

Mais informações importantes

- Respeite a fila. E mesmo que se trate apenas de uma dúvida para tirar com a caixa, não fure a fila sob hipótese alguma.

- A maioria das lojas permite trocas: não jogue fora o seu recibo.

- Na Itália tem uma diferença entre **recibo** (*scontrino fiscale* ou, simplesmente, *scontrino*), obrigatório no ato da compra, e **nota fiscal** (*ricevuta fiscale*), que pode ser pedida pelo cliente/comprador para fins fiscais.

Recibo:

```
MEGA STORE
BENETTON 2
FUTURA S.A.S.
DI BUCCILLI A. &C.
C. V.EMANUELE 212
     PESCARA
P.I.00441940681
PT C3
                    €
LANA          149,00
    50 % SCONTO
               -74,50
LANA           19,00
LANA           19,00
LANA           19,00
TOTALE  €     131,50
CONTANTE
29-01-2005    12-26
N.SCONTR FISC     69
  FBC    6563563

    GRAZIE
       E
   ARRIVEDERCI.
```

PALAVRAS-CHAVE	PAROLE-CHIAVE
comprar	comprare
promoção	promozione
quanto	quanto
com licença	permesso, mi scusi
trocar	cambiare
provar (roupa)	provare (vestiti, indumenti)
provar (comida, serviço)	provare (cibo, servizio)
você tem	ha
tamanho	taglia
pequeno/menor	piccola/più piccola
grande/maior	grande/più grande
roupas	vestiti, indumenti
eletrônicos	elettronici
livros	libri

Vá à página 123 para ver uma lista completa de termos usados para comprar roupas e acessórios.

Procurando o que você precisa			Cercando ciò di cui hai bisogno		
Tem um(a)	shopping	por aqui?	C'è un(a)	centro commerciale	qui vicino?
	supermercado			supermercato	
	restaurante			ristorante	
	café			caffè, caffetteria	
	boate			discoteca	
	bar			bar/pub	
	farmácia			farmacia	
	drogaria			drogheria	
	loja de calçados			negozio di scarpe	
	papelaria			cartoleria	
	padaria			panificio	
	banca de revistas			edicola	
	banco			banca	

Tem um(a) ... por aqui?	C'è un(a) ... qui vicino?
salão	salone
cabeleireiro	parrucchiere
loja de câmeras	fotografo
posto de gasolina	distributore di benzina
livraria	libreria
loja de CDs	negozio di dischi
loja de eletrônicos	negozio di elettronica
borracharia	gommista
oficina	officina meccanica
mercadinho	mercatino
hospital	ospedale
agência de viagens	agenzia di viaggi
caixa eletrônico	bancomat
dentista	dentista
ótica	ottica
delegacia	posto di polizia
tinturaria	tintoria
tabacaria	tabaccheria
hotel	hotel
correios	ufficio postale
cyber café (ponto de acesso à Internet)	cyber/internet caffè

Há algum lugar por aqui onde eu possa [trocar dinheiro]?	C'è un posto qui dove posso [cambiare soldi]?

Cliente

Cliente
(aqui é usado o registro formal)

Só estou olhando, obrigado.	Sto solo dando un'occhiata, grazie.
(chamando a atenção) Por favor...	Mi scusi...
Poderia me ajudar, por favor?	Può aiutarmi, per favore?
Vocês aceitam [American Express]?	Accettate [American Express]?
Vocês aceitam cheque de viagem?	Accettate travel cheque(s)?

Vocês têm...?	Avete...?
Estou procurando...	Sto cercando...
Sabe onde poderia encontrá-lo?	Sa dove posso trovarlo?
Vi uma [jaqueta] na vitrine.	Ha visto una [giacca] in vetrina.
Está em promoção?	È in promozione?
Tem alguma coisa na promoção?	Ha qualcosa in promozione?
Posso mandar isso para o Brasil?	Posso spedirlo in Brasile?
É para presente.	È un regalo.
Vocês podem embrulhar isso para presente?	Potete fare una confezione regalo?
Qual é o preço na promoção?	Qual è il prezzo scontato?
Você tem no tamanho P/M/G/GG?	Ce l'ha la taglia Piccola/Media/Grande(Large)/ExtraGrande(Large)?
Você tem num tamanho menor/maior?	Ce l'ha una taglia più piccola/grande?
Onde ficam os provadores?	Dov'è un camerino?

É um pouco/muito	pequeno grande justo folgado formal casual	È un poco/troppo	piccolo grande stretto largo formale casual

...para o meu gosto.	...per i miei gusti.
...para ser sincero.	...per essere sincero.
Vocês fazem ajustes?	Fate degli adattamenti?
Quanto tempo leva?	Quanto tempo impiega?
Qual é o horário de vocês aqui?	Qual è il vostro orario qui?
A que horas fecham?	A che ora chiudete?
Vocês abrem nos [fins de semana]?	Siete aperti i [fine settimana]?
Você pode segurar isso para mim?	Può mettermelo da parte?
Quero continuar olhando mais um pouco.	Vorrei dare ancora un'occhiata.
Vou ficar com este. / Vou ficar com estes.	Prendo questo./ Prendo questi
Por favor, onde eu pago?	Mi scusi, dove posso pagare?

Vou comprar este aqui, por favor.	Compro questo qui, per favore.
Vocês fazem troca?	È possibile cambiare?
Você me dá uma nota fiscal, por favor?	Mi fa una ricevuta fiscale, per favore?

Atendente	**Commesso** (é aqui usado o registro formal)
Eu já volto.	Torno subito.
Pois não?	Dica.
Oi, posso ajudá-lo?	Salve, posso aiutarla?
Já foi atendido?	Ha già chiesto?
Fique à vontade.	Faccia pure.
Está procurando algo em especial?	Sta cercando qualcosa in particolare?
Posso ajudá-lo a encontrar alguma coisa?	Posso aiutarla a cercare qualcosa?
[As malhas] estão em promoção.	[Le maglie] sono in promozione.
Não tem no estoque.	Non ne abbiamo più in magazzino.
Nós não trabalhamos com...	Non lavoriamo con...
Vou verificar lá atrás.	Vado a verificare in magazzino.
Posso lhe mostrar...	Posso mostrarle...?
Talvez queira algo mais...	Forse vuole qualcos'altro...
Você quer que eu embrulhe para presente?	Vuole che le faccia una confezione regalo?
Você pode pagar aqui.	Può pagare qui.
É só? / Vai levar mais alguma coisa?	Basta così? / Prende qualcos'altro.
Me desculpe, mas seu cartão não passou.	Mi scusi, ma la sua carta di credito è stata rifiutata.
Você teria outro cartão?	Ha un'altra carta di credito?
Quer que ponha em uma sacola?	Vuole una busta?
Seu recibo.	Il suo scontrino.
Tenha um bom dia.	Le auguro una buona giornata.

Glossário de Compras (Roupas e Acessórios)

Roupas (Italiano/Português)

abbigliamento	vestuário
abito (da donna)	vestido
abito (da uomo)	terno
accappatoio	roupão de banho
bermuda, pantaloncini	bermuda
blazer	tipo de casaco esportivo
body	*body*
boxer	samba-canção
calze, calzini	meias
camerino	provador, vestiário
camicia	camisa
camicia da notte	camisola
canotta, canottiera	camiseta regata
capi d'abbigliamento	peças do vestuário
capo	peça
cappotto	casacão
cardigan	cardigã
collant	meia fina até a cintura (meia-calça)
completo da uomo	terno
corsetto	corselete
costume da bagno da uomo	calção de banho
costume da bagno da donna	biquíni, maiô
dolcevita	casaco de malha de gola alta
felpa	blusão, agasalho
giacca	*blazer*, casaco, paletó
giacca a vento	casacão com capuz que protege do frio e do vento
gilet	colete

Glossário de Compras (Roupas e Acessórios)

giubbino	jaqueta
gonna	saia
impermeabile	capa de chuva
indumenti intimi	roupa íntima
jeans	calça *jeans*
lupetto	casaco de malha ou camisa de gola alta
maglia	blusa
maglietta	camiseta
maglione	pulôver
maniche corte	mangas curtas
maniche lunghe	mangas compridas
mezze maniche	mangas 3/4
minigonna	minissaia
montgomery	tipo de casacão
mutande, mutandine, slip da donna	calcinhas
mutande, slip da uomo	cueca
pantaloni	calça
perizoma	tanga
pigiama	pijama
piumino	casacão particularmente quente
polo	camisa polo
reggiseno	sutiã
reggiseno imbottito	sutiã com enchimento
salopette	jardineira
scialle	manta, xale
serafino	tipo de blusa de manga comprida, sem gola e aberta apenas até a altura do peito
soprabito	sobretudo
sottoveste	combinação

Glossário de Compras (Roupas e Acessórios)

spolverino	guarda-pó
tailleur	*tailleur*
tanga	tanga
top	*top*
t-shirt/shirt	sin. de *maglietta*, camiseta
tuta	*training*
vestaglia	robe, roupão
sottana	anágua
veste da camera	roupão
vestito	vestido
vestito lungo	vestido longo

Roupas (Português/Italiano)

anágua	sottana
bermuda	bermuda, pantaloncini
biquíni, maiô	costume da bagno da donna
blazer	giacca
blusa	maglia
blusão, agasalho	felpa
body	body
calça	pantaloni
calça *jeans*	jeans
calção de banho	costume da bagno da uomo
calcinhas	mutande, mutandine, slip da donna
camisa	camicia
camisa polo	polo
camiseta	maglietta
camiseta	t-shirt/shirt
camiseta regata	canotta, canottiera

Glossário de Compras (Roupas e Acessórios)

camisola	camicia da notte
capa de chuva	impermeabile
cardigã	cardigan
casacão	cappotto, piumino, giacca pesante
casaco	giacca
colete	gilet
combinação	sottoveste
corselete	corsetto
cueca	mutande, slip da uomo
guarda-pó	spolverino
jaqueta	giubbino
jardineira	salopette
mangas 3/4	mezze maniche
mangas compridas	maniche lunghe
mangas curtas	maniche corte
manta, xale	scialle
meia fina até a cintura (meia-calça)	collant
meias	calze, calzini
minissaia	minigonna
paletó	giacca
peça	capo
peças do vestuário	capi d'abbigliamento
pijama	pigiama
provador, vestiário	camerino
pulôver	maglione
robe, roupão	vestaglia
roupa íntima	indumenti intimi
roupão	veste da camera
roupão de banho	accappatoio

Glossário de Compras (Roupas e Acessórios)

saia	gonna
samba-canção	boxer
sobretudo	soprabito
sutiã	reggiseno
sutiã com enchimento	reggiseno imbottito
tailleur	tailleur
tanga	perizoma, tanga
terno	abito (da uomo), completo da uomo
top	top
training	tuta
vestido	vestito, abito (da donna)
vestido longo	vestito lungo
vestuário	abbigliamento

Acessórios e Perfumaria (Italiano/Português)

acqua di colonia	água-de-colônia, perfume masculino
anello	anel
basco	boina
berretto	boné
bigiotteria	bijuterias
borsa	bolsa
borsetta	bolsa para sair à noite
braccialetto	pulseira, bracelete
bretelle	suspensórios
brillante	brilhante
busta, sacca	sacola
cappello	chapéu
cartella, borsa	pasta
catena	corrente

Glossário de Compras (Roupas e Acessórios)

cavigliera	tornozeleira
cinta	cinto
ciondolo	pingente
collana	colar
cravatta	gravata
crema antirughe	creme antirrugas
diamante	diamante
dopobarba	pós-barba
elastico per capelli	elástico de cabelo
fascia	faixa
fede	aliança
fermacravatta	prendedor de gravata
fermaglio	broche
fermaglio per capelli	grampo de cabelo
fondotinta	pó-de-arroz
gemelli da polso	abotoaduras
ginocchiera	joelheira
guanto/i	luva(s)
idratante	hidratante
madreperla	madrepérola
mantello, mantellina	manta
metallo prezioso	metal precioso
occhiali da sole	óculos de sol
ombrello	guarda-chuva
ombretto	sombra para os olhos
orecchino/i	brinco(s)
orologio	relógio
perla	pérola
piercing	*piercing*

Glossário de Compras (Roupas e Acessórios)

pietra preziosa	pedra preciosa
portafoglio, portadocumenti	carteira
portamonete	porta-moedas
profumo	perfume
rimmel	rímel
rossetto	batom
sciarpa	cachecol
smalto per le unghie	esmalte para unhas
spilla	alfinete
sporta	bolsa grande, aberta em cima e com alças
tiara	tiara
trucco	maquiagem
zaino	mochila

Acessórios e Perfumaria (Português/Italiano)

abotoaduras	gemelli da polso
água-de-colônia, perfume masculino	acqua di colonia
alfinete	spilla
aliança	fede
anel	anello
batom	rossetto
bijuterias	bigiotteria
boina	basco
bolsa	borsa
bolsa grande, aberta em cima e com alças	sporta
bolsa para sair à noite	borsetta
boné	berretto

Glossário de Compras (Roupas e Acessórios)

brilhante	brillante
brinco(s)	orecchino/i
broche	fermaglio
cachecol	sciarpa
carteira	portafoglio, portadocumenti
chapéu	cappello
cinto	cinta
colar	collana
corrente	catena
creme antirrugas	crema antirughe
diamante	diamante
elástico de cabelo	elastico per capelli
esmalte para unhas	smalto per le unghie
faixa	fascia
grampo de cabelo	fermaglio per capelli
gravata	cravatta
guarda-chuva	ombrello
hidratante	idratante
joelheira	ginocchiera
luva(s)	guanto/i
madrepérola	madreperla
manta	mantello, mantellina
maquiagem	trucco
metal precioso	metallo prezioso
mochila	zaino
óculos de sol	occhiali da sole
pasta	cartella, borsa
pedra preciosa	pietra preziosa
perfume	profumo

Glossário de Compras (Roupas e Acessórios)

pérola	perla
piercing	piercing
pingente	ciondolo
pó-de-arroz	fondotinta
porta-moedas	portamonete
pós-barba	dopobarba
prendedor de gravata	fermacravatta
pulseira, bracelete	braccialetto
relógio	orologio
rímel	rimmel
sacola	busta, sacca
sombra para os olhos	ombretto
suspensórios	bretelle
tiara	tiara
tornozeleira	cavigliera

Atributos (Italiano/Português)

a fantasia	estampado
a pieghe	com pregas
a pois	bolinhas
a quadri	xadrez
a righe	listrado
acrilico	acrílico
aderente, attillato	que se ajusta ao corpo
antipiega	tecido que não amarrota
aperto dietro, spalle nude	aberto atrás, costas nuas
arancione	laranja
argento, argentato	prata, prateado
basso	baixo

Glossário de Compras (Roupas e Acessórios)

beige	bege
bianco	branco
blu, azzurro	azul
borchiato	com tachas
cachemire	caxemira
cachi	cáqui
caldo	quente
camoscio	camurça
cartellino	etiqueta
collo a V	gola em V, decote em V
collo alto	gola rolê
colore	cor
con bottoni	de botões
confortevole	confortável
corto	curto
cotone	algodão
cuoio	couro
disegnato a mano	estampado à mão
donna	mulher
doppio petto	com duas fileiras de botões
doubleface	dupla face
due pezzi	de duas peças
elasticizzato	elástico, *stretch*
elastico	elástico
elegante	social
estate	verão
falso	falso
fantasia	estampa
fatto all'uncinetto	feito de crochê

Glossário de Compras (Roupas e Acessórios)

feltro	feltro
femminile	feminino
frangia	franja
gessato	risca de giz
giallo	amarelo
girocollo	gola redonda
gomma	borracha
grigio	cinza
imbottito	com enchimento
imitazione	imitação
impermeabile	impermeável
inverno	inverno
L	tamanho G
lana	lã
lana o tessuto d'angora	lã ou tecido angorá
largo	folgado
lavabile	lavável
lavorato a maglia	tricotado
leggero	leve
liscio	liso
lungo	comprido
M	tamanho M
maglia a rete	malha de rede
maglia senza spalline	tomara-que-caia, sem alças
maniche corte	manga curta
maniche lunghe	manga comprida
marchio	marca
marrone	marrom
maschile	masculino

Glossário de Compras (Roupas e Acessórios)

merletto, pizzo	renda
morbido, soffice	suave
nero	preto
nylon	náilon
oro, dorato	ouro, dourado
paillette	lantejoulas
pastello	pastéis
pelle	couro
piccolo	pequeno
poliestere	poliéster
porpora	roxo
prezzo	preço
primavera	primavera
raso	cetim
ricamato	bordado
righe	listras
rosa	rosado
rosso	vermelho
S	tamanho P
scollato	decotado
scozzese	escocês (tecido)
semplice	simples, básico
senza maniche	sem manga
seta	seda
sgualcito	amassado
stile	estilo
strappato	rasgado
strass	*strass*
stretto	apertado, justo

Glossário de Compras (Roupas e Acessórios)

taffettà	tafetá
taglia	tamanho
taglie maggiori	tamanhos maiores
taglio	corte
tie-dye	tingimento especial de roupas – a roupa é amarrada e banhada na tinta
tinta unita	de uma só cor
trasparente	transparente
tulle	tule
turchese	azul-turquesa
tweed	tecido de lã, geralmente de duas cores, usado especialmente em roupas masculinas
uomo	homem
usato	usado
velluto	veludo
velluto a coste	veludo cotelê
vinaccia	cor-de-vinho
vita bassa	cintura baixa
XL	tamanho GG
XXL	tamanho GGG

Atributos (Português/Italiano)

aberto atrás, costas nuas	aperto dietro, spalle nude
acrílico	acrilico
algodão	cotone
amarelo	giallo
amassado	sgualcito
apertado, justo	stretto
azul	blu, azzurro

Glossário de Compras (Roupas e Acessórios)

azul-turquesa	turchese
baixo	basso
bege	beige
bolinhas	a pois
bordado	ricamato
borracha	gomma
branco	bianco
caxemira	cachemire
camurça	camoscio
cáqui	cachi
cetim	raso
cintura baixa	vita bassa
cinza	grigio
com duas fileiras de botões	doppio petto
com enchimento	imbottito
com pregas	a pieghe
com tachas	borchiato
comprido	lungo
confortável	confortevole
cor	colore
cor-de-vinho	vinaccia
corte	taglio
couro	cuoio, pelle
curto	corto
de botões	con bottoni
de duas peças	due pezzi
de uma só cor	tinta unita
decotado	scollato
dupla face	doubleface

Glossário de Compras (Roupas e Acessórios)

elástico	elastico
elástico, *stretch*	elasticizzato
escocês (tecido)	scozzese
estampa	fantasia
estampado	a fantasia
estampado à mão	disegnato a mano
estilo	stile
etiqueta	cartellino
falso	falso
feito de crochê	fatto all'uncinetto
feltro	feltro
feminino	femminile
folgado	largo
franja	frangia
gola em V, decote em V	collo a V
gola redonda	girocollo
gola rolê	collo alto
homem	uomo
imitação	imitazione
impermeável	impermeabile
inverno	inverno
lã	lana
lã ou tecido angorá	lana o tessuto d'angora
laranja	arancione
lavável	lavabile
lantejoulas	paillette
leve	leggero
liso	liscio
listrado	a righe

Glossário de Compras (Roupas e Acessórios)

listras	righe
malha de rede	maglia a rete
manga comprida	maniche lunghe
manga curta	maniche corte
marca	marchio
marrom	marrone
masculino	maschile
mulher	donna
náilon	nylon
ouro, dourado	oro, dorato
pastéis	pastello
pequeno	piccolo
poliéster	poliestere
prata, prateado	argento, argentato
preço	prezzo
preto	nero
primavera	primavera
que se ajusta ao corpo	aderente, attillato
quente	caldo
rasgado	strappato
renda	merletto, pizzo
risca de giz	gessato
rosado	rosa
roxo	porpora
seda	seta
sem manga	senza maniche
simples, básico	semplice
social	elegante
strass	strass

Glossário de Compras (Roupas e Acessórios)

suave	morbido, soffice
tafetá	taffettà
tamanho	taglia
tamanho G	L
tamanho GG	XL
tamanho GGG	XXL
tamanho M	M
tamanho P	S
tamanhos maiores	taglie maggiori
tecido de lã, geralmente de duas cores, usado especialmente em roupas masculinas	tweed
tecido que não amarrota	antipiega
tingimento especial de roupas – a roupa é amarrada e banhada na tinta	tie-dye
tomara-que-caia, sem alças	maglia senza spalline
transparente	trasparente
tricotado	lavorato a maglia
tule	tulle
usado	usato
veludo	velluto
veludo cotelê	velluto a coste
verão	estate
vermelho	rosso
xadrez	a quadri

Glossário de Compras (Roupas e Acessórios)
Calçados (Italiano/Português)

a punta	de bico pontudo
calzature	calçados
ciabatte	chinelo
fibbia	fivela
infradito	chinelo de dedo
mocassino	mocassins
sandali	sandália
scarpe	sapatos, calçados
scarpe classiche	sapato social
scarpe coi lacci	sapato com cadarço
scarpe col tacco alto	sapato de salto alto
scarpe col tacco basso	sapato de salto baixo
scarpe da tennis	tênis
scarpe da trekking	sapato de montanha
scarpe senza lacci	sapato sem necessidade de amarrar
scarpe, scarpini da calcio	chuteira
scarpetta, scarpino	escarpim
scarponcino	botina
senza punta	de bico redondo
stivaletti	bota baixa
stivali	bota
tacco	salto
tacco alto	salto alto
zoccoli	tamanco

Glossário de Compras (Roupas e Acessórios)

Calçados (Português/Italiano)

bota	stivali
bota baixa	stivaletti
botina	scarponcino
calçados	calzature
chinelo	ciabatte
chinelo de dedo	infradito
chuteira	scarpe, scarpini da calcio
de bico pontudo	a punta
de bico redondo	senza punta
escarpim	scarpetta, scarpino
fivela	fibbia
mocassins	mocassino
salto	tacco
salto alto	tacco alto
sandália	sandali
sapato com cadarço	scarpe coi lacci
sapato de montanha	scarpe da trekking
sapato de salto alto	scarpe col tacco alto
sapato de salto baixo	scarpe col tacco basso
sapato sem necessidade de amarrar	scarpe senza lacci
sapato social	scarpe classiche
sapatos, calçados	scarpe
tamanco	zoccoli
tênis	scarpe da tennis

Glossário de Compras (Roupas e Acessórios)

Partes de Roupa (Italiano/Português)

borchia	tacha
bottone	botão
cappuccio	capuz
collo	gola
fibbia	fivela
fodera	forro
frangia	franja
il davanti	frente
l'orlo dei pantaloni	bainha da calça
manica	manga
orlo	borda
piega	prega
polsino (della manica)	punho (da manga)
spalle, il didietro	costas, dorso
spalline	alças
tasca	bolso

Partes de Roupa (Português/Italiano)

alças	spalline
bainha da calça	l'orlo dei pantaloni
bolso	tasca
borda	orlo
botão	bottone
capuz	cappuccio
costas, dorso	spalle, il didietro
fivela	fibbia
forro	fodera
franja	frangia

Glossário de Compras (Roupas e Acessórios)

frente	il davanti
gola	collo
manga	manica
prega	piega
punho (da manga)	polsino (della manica)
tacha	borchia

Caimento e Partes do Corpo (Italiano/Português)

andare	caimento
attillato	justo
braccia	braços
caviglie	tornozelos
cintola, vita	cintura
collo	pescoço
coscia	coxa
fianchi	quadris
ginocchio	joelho
largo	folgado
petto	peito
polso	pulso
schiena	costas
spalla	ombro
stretto	apertado

Caimento e Partes do Corpo (Português/Italiano)

apertado	stretto
braços	braccia
caimento	andare

Glossário de Compras (Roupas e Acessórios)

cintura	cintola, vita
costas	schiena
coxa	coscia
folgado	largo
joelho	ginocchio
justo	attillato
ombro	spalla
peito	petto
pescoço	collo
pulso	polso
quadris	fianchi
tornozelos	caviglie

11 Entretenimento
Intrattenimento

Para evitar confusões quando você for comprar ingressos, o melhor é comprá-los direto na bilheteria ou pela internet. Isto porque nas bilheterias e pela internet tem-se acesso ao mapeamento de lugares, normalmente numerados. Como há uma grande diversidade de nomes de divisões em estádios e teatros, isto dificulta a compreensão pelo telefone.

PALAVRAS-CHAVE	PAROLE-CHIAVE
adulto	adulto
balcão	balcone
camarote	cabina
criança	ragazzo
esgotado	esaurito
galeria	galleria, loggione
ingresso	biglietto
lugar	posto
palco	palcoscenico
plateia	platea
primeira fileira	prima fila

Exemplo de ingresso para o teatro:

Lirica
Teatro dell'Opera di Roma
LA RONDINE
04/02/01 ore 16.30
Palco N. 7 /D di platea Posto Unico
L 60.000 euro 30,99 L 6.000 prev. euro 3,10 prev.
N. 61/ 2 GSA50

82592

No cinema — Al cinema

Os cinemas normalmente não dão desconto para estudantes, mas oferecem ingressos a um preço reduzido para menores e idosos. Não é raro achar, conferindo a programação das atividades culturais da cidade, mostras cinematográficas a preço reduzido.

[2] ingressos para ['Casablanca'].	[2] biglietti per ['Casablanca'].
Para a sessão das [8].	Per lo spettacolo delle [otto].
Ainda tem lugar para a sessão das [8]?	Ci sono ancora posti per lo spettacolo delle [otto]?
A que horas dá para entrar?	A che ora si può entrare?
Com licença, tem alguém sentado aqui?	Mi scusi, è libero questo posto?
Me desculpe, mas tem alguém sentado aqui.	Chiedo scusa, il posto è occupato.

No teatro/ópera — A teatro/All'opera

Às vezes é possível comprar ingressos mais baratos no mesmo dia do espetáculo, sem pagar a taxa de pré-venda.

A que horas começa o espetáculo?	A che ora comincia lo spettacolo?
Ainda há ingressos para hoje à [noite]?	Ci sono ancora posti per [stasera]?
Quero um lugar no ____, se possível.	Vorrei un posto in ____, se possibile.
Não muito atrás, se possível.	Non molto dietro, se possibile.
Tem alguma coisa mais perto do palco?	C'è qualcosa più vicino al palcoscenico?
Se tiver um lugar no meio, está ótimo.	Se c'è un posto nel mezzo, va benissimo.
Me desculpe, acho que este é meu lugar.	Chiedo scusa, credo che questo sia il mio posto.

Eventos esportivos — Eventi sportivi

Nos jogos italianos, sobretudo de futebol, os estádios têm, normalmente, seções separadas para as torcidas. A da torcida hóspede é chamada de *settore ospiti*.

[2] ingressos para [o jogo de quarta], por favor.	[2] biglietti per [la partita di mercoledì], per favore.
Posso ver a programação?	Posso vedere il programma?
Qual é a seção mais em conta?	Qual è il settore più popolare?

Queria um lugar na arquibancada, por favor.	Vorrei un posto in curva, per favore.
Não conheço os estádios [italianos]. Que seção você recomenda?	Non conosco gli stadi [italiani]. Che settore mi consiglia?
Seria bom um lugar perto do [campo/quadra].	Andrebbe bene un posto vicino al [campo/quadrato di gioco].
A que horas começa o jogo?	A che ora comincia la partita?

No cabeleireiro/salão
Dal parrucchiere/
Nel salone

12

Na Itália, os salões unissex não são tão comuns como no Brasil e nem sempre oferecem todos os serviços. Outra diferença está no preço: cortar o cabelo, ou qualquer outro serviço, costuma ser bem mais caro.

PALAVRAS-CHAVE	PAROLE-CHIAVE
cortar	tagliare
aparar	spuntare
lavar	lavare
manicure	manicure
pedicure	pedicure
marcar, marcado	prenotare, prenotato
quanto tempo	quanto tempo
quanto	quanto

Para uma lista mais completa dos termos usados em cabeleireiros e salões, vá ao glossário na página 151.

Mulher (especialmente)	**Donna (in particolare)**
Quero...	Vorrei...
Quero cortar.	Vorrei tagliare.
Quero manter o corte.	Vorrei mantenere il taglio.
Quero lavar.	Vorrei lavare.
Quero um permanente.	Vorrei una permanente.
Quero uma escova.	Vorrei una messa in piega.

Quero fazer luzes.	Vorrei fare le meches.
Quero tingir.	Vorrei tingere.
Quero a franja comprida/curta.	Vorrei la frangia lunga/corta.
Quero fazer a mão/o pé.	Vorrei fare la manicure/pedicure.
Quero fazer as unhas.	Vorrei fare le unghie.
Quero fazer uma depilação nas [pernas].	Vorrei depilarmi le [gambe].
Quero tirar as sobrancelhas.	Vorrei tagliare le sopracciglia.
Quero fazer uma maquiagem.	Vorrei farmi il trucco.
Quero fazer uma limpeza de pele.	Vorrei fare una pulizia della pelle.

Homem (especialmente)	**Uomo (in particolare)**
Quero...	Vorrei...
Quero cortar.	Vorrei tagliare.
Só quero uma aparada, por favor.	Vorrei solo una spuntatina, per favore.
Quero lavar.	Vorrei lavarli.
Quero deixar curto atrás.	Li vorrei corti dietro.
Quero deixar as costeletas curtas/compridas.	Vorrei accorciare le basette / Vorrei lasciare le basette lunghe.
Quero pentear para a frente/para trás/para o lado.	Li vorrei pettinati sul davanti/all'indietro/con la riga di lato.

Glossário de Termos Usados em Salão de Beleza

O objetivo das listas de termos italiano-português é proporcionar ao usuário deste guia um glossário das palavras mais comuns em salões e cabeleireiros italianos; enquanto consulta as listas português-italiano você poderá fazer o seu pedido ao atendente.

Cabelo (Italiano/Português)

acconciatura	penteado
all'altezza delle spalle	na altura dos ombros
baffi	bigode
barba	barba
basetta	costeleta
capelli	cabelo
caschetto	capacete
colore	cor, tinta
colpi di sole	reflexos
corto	curto
cuoio capelluto	couro cabeludo
frangia	franja
idratazione	hidratação
lavare i capelli	lavar cabelo
lungo	comprido
make up, trucco	maquiagem
meches	luzes
permanente	permanente
piega	escova
sopracciglia	sobrancelha
spuntare i baffi	aparar o bigode
spuntare la barba	aparar a barba
spuntare la frangia	aparar a franja
stiratura	alisamento, comprimento

Glossário de Termos Usados em Salão de Beleza

taglio	corte
taglio (di capelli)	corte (de cabelo)
tintura	tintura
trattamento esfoliante	esfoliação
trattamento viso	tratamento da face
volume	volume

Cabelo (Português/Italiano)

alisamento, comprimento	stiratura
aparar a barba	spuntare la barba
aparar a franja	spuntare la frangia
aparar o bigode	spuntare i baffi
barba	barba
bigode	baffi
cabelo	capelli
capacete	caschetto
comprido	lungo
cor, tinta	colore
corte	taglio
corte (de cabelo)	taglio (di capelli)
costeleta	basetta
couro cabeludo	cuoio capelluto
curto	corto
escova	piega
esfoliação	trattamento esfoliante
franja	frangia
hidratação	idratazione
lavar cabelo	lavare i capelli
luzes	meches

Glossário de Termos Usados em Salão de Beleza

maquiagem	make up, trucco
na altura dos ombros	all'altezza delle spalle
penteado	acconciatura
permanente	permanente
reflexos	colpi di sole
sobrancelha	sopracciglia
tintura	tintura
tratamento do rosto	trattamento viso
volume	volume

Depilação (Italiano/Português)

addome	abdome
ascella	axila
avambraccio	antebraço
baffetti	buço
braccio completo	braço completo
ceretta	depilar com cera, depilação
ciglia	cílio
depilazione completa	depilação completa
elettrolisi	eletrólise
gamba	perna
gamba completa	perna completa
inguine	virilha, "cantinho"
mento	queixo
mezza gamba	meia-perna
petto	peito
schiena	costas
sopracciglia	sobrancelha
spalla/e	ombro(s)

Glossário de Termos Usados em Salão de Beleza
Depilação (Português/Italiano)

abdome	addome
antebraço	avambraccio
axila	ascella
braço completo	braccio completo
buço	baffetti
cílio	ciglia
costas	schiena
depilação completa	depilazione completa
depilar com cera	ceretta
eletrólise	elettrolisi
meia-perna	mezza gamba
ombro(s)	spalla/e
peito	petto
perna	gamba
perna completa	gamba completa
queixo	mento
sobrancelha	sopracciglia
virilha, "cantinho"	inguine

13 No banco
In banca

Os bancos funcionam, geralmente, de segunda a sexta-feira, das 8:20 às 13:20 horas e das 14:30/15:00 às 15:30/16:00 horas.

PALAVRAS-CHAVE	PAROLE-CHIAVE
caixa eletrônico, cartão de débito	bancomat
retirar, sacar	prelevare
cédulas	banconote
cartão de crédito	carta di credito
cheque	assegno
guichê	sportello
à vista	pagamento a vista/in contanti

O cliente	Il cliente
Gostaria de trocar estes traveler's checks.	Vorrei cambiare questi travel cheque(s).
Queria trocar reais.	Vorrei cambiare reali.
Qual é a taxa cambial de hoje?	Qual è il tasso di cambio oggi?
Gostaria de descontar um cheque.	Vorrei incassare un assegno.
Gostaria de enviar dinheiro para...	Vorrei inviare del denaro a...
Gostaria de fazer uma transferência.	Vorrei fare un bonifico.
Como posso transferir dinheiro da minha conta no Brasil?	Come posso trasferire denaro dal mio conto in Brasile?

O bancário	Il bancario
Como você quer esse valor?	Come lo vuole questo importo?
Cheques fora da praça/estrangeiros levam [uma semana] para cair na conta.	Assegni emessi all'estero impiegano una settimana per essere accreditati nel conto.
O senhor tem uma conta nessa agência?	Ha un conto in questa agenzia?
Qual é o número da conta?	Qual è il numero del suo conto?
Me empresta seu RG, por favor?	Mi dà un documento d'identità, per favore?
Pode digitar a senha.	Digiti il suo codice.
O senhor é o titular da conta?	È titolare del conto?
A conta está em seu nome?	Il conto è a suo nome?
Preciso que você rubrique isto.	Mi occorre la sua firma.
Seu saldo está negativo.	Il suo saldo è in passivo.
Um instante que eu vou checar com meu gerente.	Un momento che controllo col direttore.

14 Situações sociais
Situazioni sociali

Coisas que se falam quando as pessoas se encontram

As saudações *bom-dia*, *boa-tarde* e *boa-noite* em português podem se resumir em italiano a apenas duas expressões de uso comum: *buon giorno*, utilizada até a primeira parte da tarde, e *buona sera*, daí para a frente. *Buona notte* só se fala quando as pessoas vão dormir, enquanto *buon pomeriggio* (que corresponderia a *boa-tarde*) raramente é usado.

Outra informação relevante é que o italiano *ciao*, do qual deriva *tchau*, é uma forma de saudação informal, utilizada quer antes quer depois de um encontro. Vale aqui a pena lembrar que o "tu" usa-se principalmente entre parentes e amigos, em situações de informalidade ou em presença de pessoas jovens; em outras circunstâncias mais formais, pede-se o tratamento por "lei", pronome igual tanto para o masculino quanto para o feminino.

Saudações e apresentações	Saluti e presentazioni
Oi.	Ciao (inf.) / Buon giorno/Buona sera (f.).
Tudo bem?/Tudo bom?	Come stai (inf.)? / Come sta (f.)?
Qual é o seu nome?	Qual è il tuo nome (inf.)? / Qual è il suo nome (f.)?
Desculpe, qual é mesmo o seu nome?	Scusa, com'è che ti chiami (inf.)? / Scusi, com'è che si chiama (f.)?
Oi, eu sou...	Ciao, sono... (inf.) / Buon giorno/Buona sera, sono... (f.)
Prazer.	Piacere.

Você/O senhor conhece o [João]?	Conosci / Conosce [João]?
Eu quero lhe apresentar ao...	Vorrei presentarti (inf.)... / Vorrei presentarla (f.)...
Já ouvi falar muito de você/do senhor.	Ho sentito parlare molto di te / di lei.
A [Silvia] já me falou muito sobre você/o senhor.	[Silvia] mi ha già parlato molto di te / di lei.
Coisas boas, eu espero.	Belle cose, spero.
Não acredite em nada. É tudo mentira.	Non credere a nulla (inf.) / Non creda a nulla (f.). È tutto falso.
Estava querendo muito conhecê-lo.	Volevo veramente conoscerti (inf.) / conoscerla (f.).
Nossa! Finalmente vou conhecer você/o senhor!	Accidenti! Finalmente ti conosco / la conosco!
Gostei de conhecê-lo.	È stato un piacere conoscerti (inf.) / conoscerla (f.).
Até mais/logo.	Ci vediamo / Arrivederci.

Reencontrando — Incontrando di nuovo

Neste diálogo é sempre usado o tratamento informal por "tu".

Não acredito!	Non ci posso credere!
Nossa! Quanto tempo!	Accidenti! Da quanto tempo!
Que bom ver você!	Che bello vederti!
Nossa! Faz tanto tempo!	Accidenti! È passato tanto tempo!
Quanto tempo faz, hein?	Quanto tempo è passato, eh?
Tudo isso?	Tutto questo?
Nossa! O tempo voa!	Accidenti, il tempo vola!
Você está ótimo!	Stai benissimo!
Nossa! Você emagreceu?	Accidenti! Sei dimagrito/a?
Soube que você [se casou].	Ho saputo che [ti sei sposato/a].
Você não mudou nada.	Non sei cambiato/a per niente.
Você está sempre bem.	Stai sempre bene.
Então, o que você anda fazendo?	E allora, che cosa fai?
Então, o que você tem feito de bom?	E allora, che cosa hai fatto di bello?
Como vão as coisas?	Come vanno le cose?

O que você está fazendo agora?	Che fai adesso?
Você ainda está trabalhando na...?	Stai ancora lavorando nella...?
Você está no mesmo telefone?	Hai sempre lo stesso telefono?
Você ainda mora em...?	Abiti ancora a...
Como está o [Ricardo]?	Come sta [Ricardo]?
E as crianças? Como vão?	E i bambini? Come stanno?
Nós precisamos nos falar mais vezes.	Dobbiamo sentirci più spesso.

Perguntas pessoais	**Domande personali**
Você/O senhor é de onde?	Di dove sei / è?
O que você/o senhor faz?	Che cosa fai / fa?
Você/O/A senhor(a) tem namorada/o?	Sei / È fidanzato/a?
Você/O/A senhor(a) é casado/a?	Sei / È sposato/a?
Você/O senhor tem alguém?	Stai /Sta con qualcuno/a?
Você/O senhor tem filhos?	Hai / Ha figli?
Quantos anos você/o senhor tem?	Quanti anni hai / ha?
Qual é o seu signo?	Qual è il tuo (inf.) / suo (f.) segno?
Você/O senhor gosta de....?	Ti / Le piace il...?
Onde você/o senhor mora?	Dove abiti / abita?
Você/O/A senhor(a) mora sozinho/a?	Abiti / Abita da solo/a?

Como fazer uma pergunta pessoal sem ofender	**Come rivolgere una domanda personale senza offendere**
Posso perguntar [quantos anos você/o senhor tem]?	Posso chiedere [quanti anni hai / ha]?
Não precisa responder se você/o senhor não quiser...	Non rispondere (inf.) / risponda (f.) se non vuoi / vuole...
Você/O senhor se ofenderia se eu perguntasse...	Ti offendi / Si offende se ti/le chiedessi ...
Não quero ser inconveniente.	Non voglio essere inopportuno.
Não quero ser intrometido.	Non voglio intromettermi.
Só por curiosidade...	Solo per curiosità...

Falando sobre uma viagem

É de praxe as pessoas comentarem e perguntarem sobre uma viagem. O melhor é se preparar para ter algo para contar, o que nem sempre é fácil em uma língua estrangeira.

Antes – O viajante	Prima – Il viaggiatore
Vou ao [Brasil] (no mês que vem).	Vado in [Brasile] (il mese prossimo).
Não vejo a hora.	Non vedo l'ora.
Estou muito ansioso.	Sono molto ansioso.
Estou muito animado.	Sono molto animato.
Faz muito tempo que quero ir para lá.	È da tanto tempo che volevo andarci.
Sempre foi um sonho poder ir para lá.	È stato sempre un sogno poterci andare.
Sempre ouvi coisas boas sobre lá.	Ne ho sempre sentito parlare bene.
Não vejo a hora de ir ao/ver o...	Non vedo l'ora di andare in/a vedere il...
Eu parto/saio no dia [15].	Parto il giorno [quindici].
Vou ficar em/com...	Resterò a/con...
Vou ficar [2 semanas] lá.	Ci resterò [2 settimane].
Só vou passar as férias lá.	Ci vado giusto a passare le ferie.
Vou estudar lá.	Ci vado a studiare.
Vou lá a trabalho.	Ci vado a lavorare.
É uma viagem de negócios.	È un viaggio d'affari.
É uma mistura de trabalho e lazer.	È un po' per lavoro e un po' per divertimento.
O que você quer que eu traga?	Cosa vuoi che ti porti (inf.)?
Antes – Conversando com o viajante	**Prima – Conversando con il viaggiatore**
Para onde vai?	Dove vai (inf.) / va (f.)?
Ah, é muito bom lá.	Ah, è molto bello là.
Ah, sempre quis ir para lá.	Ah, ho sempre voluto andarci.
Dizem que é legal.	Dicono che è carino.

Deve estar muito ansioso!	Devi (inf.) / Deve (f.) essere molto ansioso!
É a primeira vez que vai para lá?	È la prima volta che ci vai (inf.) / va (f.)?
Você/O senhor vai a passeio/a trabalho?	Vai / Va in vacanza/per lavoro?
Onde você/ o senhor vai ficar?	Dove resterai / resterà?
Com que companhia você/o senhor vai?	Con che compagnia vai / va?
Você/O senhor vai sozinho?	Vai / Va da solo?
Com quem você/o senhor vai viajar?	Con chi viaggerai / viaggerà?
Você/O senhor vai ficar lá quanto tempo?	Quanto tempo ci resti / resta?
Você/O senhor vai se divertir.	Ti divertirai / Si divertirà.
Você/O senhor vai adorar.	Ti piacerà molto / Le piacerà molto.
Você/O senhor escolheu a melhor época para ir lá.	Hai / Ha scelto il miglior periodo per andarci.
Prepare-se para o calor/frio.	Preparati (inf.) / Si prepari (f.) per il caldo/freddo.
Tire muitas fotos.	Fai (inf.) / Faccia (f.) molte foto.
Quero ver as fotos quando você/o senhor voltar.	Voglio vedere le foto quando ritorni / ritorna.
Não deixe de ir a...	Non mancare (inf.) / Non manchi (f.) di andare a.....
Me traga um...	Portami (inf.) / Mi porti (f.) un...
Durante – O viajante	**Durante – Il viaggiatore**
Estou me divertindo bastante.	Mi sto divertendo abbastanza.
É exatamente como eu imaginei.	È esattamente come avevo immaginato.
É ainda melhor do que imaginei.	È ancora meglio di quanto avessi immaginato.
Estou gostando muito do...	Mi sta piacendo molto il...
Mal posso esperar para contar aos meus (amigos/familiares) sobre...	Riesco a stento ad aspettare di raccontare ai miei (amici/familiari) del...
Estou um pouco decepcionado (com...)	Sono un poco deluso (dal....)

O ____ não é bem como imaginei que seria.	Il ____ non è proprio come avevo immaginato che fosse.
É a [primeira] vez que venho aqui.	È la [prima] volta che vengo qui.

Durante – Conversando com o viajante	**Durante – Conversando con il viaggiatore**
E, então, está se divertindo?	E allora, ti stai (inf.) / si sta (f.) divertendo?
O que está achando daqui/daí?	Come lo stai (inf.) / sta (f.) trovando?
É a primeira vez que vem?	È la prima volta che vieni (inf.) / viene (f.)?
Já foi a...?	Sei (inf.) / È (f.) già stato a...?

Depois – As perguntas	**Dopo – Le domande**
Como foi a viagem?	Com'è stato il viaggio?
Foi tudo bem com o voo?	È andato tutto bene col volo?
Teve algum problema na alfândega?	Hai (inf.) / Ha (f.) avuto qualche problema alla dogana?
Com quem foi?	Con chi sei (inf.) / è (f.) stato?
Gostou da viagem?	Ti (inf.) / Le (f.) è piaciuto il viaggio?
Tirou fotos?	Hai (inf.) / Ha (f.) fatto delle foto?
E, então, como foi?	È allora, com'è stato?
Você/O senhor ficou lá quanto tempo mesmo?	Quanto tempo sei / è rimasto lì?
O hotel foi bom?	L'hotel era buono?
Onde você/o senhor ficou?	Dove sei / è rimasto?
Foi o que esperava?	Era quello che ti aspettavi (inf.) / si aspettava (f.)?
Como estava o tempo?	Com'era il tempo?
A comida era boa?	Il cibo era buono?
E as pessoas, como eram?	E le persone, com'erano?
O que tem para fazer lá?	Che c'è da fare lì?
E a vida noturna?	E la vita notturna?
E as mulheres/os homens?	E le donne / gli uomini?

Ouvi falar que as [praias] são lindas.	Ho sentito dire che le [spiagge] sono belle.
Quero ver as fotos depois.	Dopo voglio vedere le foto.
Você/O senhor deve ter um monte de histórias para contar.	Devi / Deve avere tantissime storie da raccontare.
Então, você/o senhor recomenda?	Allora, ce lo raccomandi / raccomanda?

Depois – As respostas	**Dopo – Le risposte**
Estava ótimo.	È stato/Era bellissimo.
Foi uma das melhores/piores viagens da minha vida.	È stato uno dei migliori/peggiori viaggi della mia vita.
Fomos a todos os lugares.	Siamo stati in tutti i posti.
Infelizmente não deu para...	Purtroppo non ce l'abbiamo fatta a...
O ____ estava fechado.	Il ____ stava chiuso.
Fiquei surpreso com...	Sono rimasto sorpreso da...
Não era nada do que eu imaginei.	Non era nulla di ciò che immaginavo.
Foi tudo o que eu imaginei.	È stato proprio come immaginavo.
O [tempo] estava [péssimo/bom/ótimo].	Il [tempo] era [pessimo/buono/ottimo].
Estava muito quente lá.	Lì era molto caldo.
Fez Sol o tempo todo.	C'è stato il sole tutto il tempo.
Choveu muito.	Ha/È piovuto molto.
As pessoas foram/eram [simpáticas].	Le persone sono state/erano [simpatiche].
Estava tudo muito barato/caro!	Era tutto molto economico/caro!
Eu trouxe um/alguns ____ para você/o senhor.	Ti / Le ho portato alcuni ____.
Eu procurei em todas as partes um/alguns____, mas não achei.	Ho cercato dappertutto un/dei ____, ma non ne ho trovati.
Você/O senhor teria adorado/odiado lá.	Ti / Le sarebbe piaciuto tanto là. / Non ti / le sarebbe piaciuto per niente là.
Não vejo a hora de voltar.	Non vedo l'ora di tornarci.
Jamais voltaria.	Non ci tornerei mai.

Combinando um lugar / Scegliendo un posto

Onde a gente se encontra?	Dove ci diamo appuntamento?
Que tal [seu hotel]?	Va bene [il tuo (inf.) / suo (f.) hotel]?
Posso buscá-lo [no seu hotel].	Posso passare a prenderti (inf.) / prenderla (f.) [al tuo (inf.) / suo (f.) hotel].
A que horas posso buscar você, a senhora?	A che ora posso passare a prenderti / prenderla?
Você/O senhor gostaria de me encontrar [no meu escritório]?	Vorresti / Vorrebbe incontrarmi [nel mio ufficio]?
Você/O senhor que sabe.	Fai tu. / Faccia lei.
O que for melhor para você/o senhor.	Come è meglio per te / lei.
Onde você/o senhor quiser.	Dove vuoi / vuole.
Você/O senhor conhece...?	Conosci / Conosce...?
Nós poderíamos nos encontrar aí/lá.	Potremmo incontraci qui/lì.
Vamos fazer o seguinte:...	Facciamo così:...
Podemos nos encontrar [no seu hotel] às [8:30].	Potremmo incontrarci [nel tuo (inf.) / suo (f.) hotel] alle [8:30].
Que tal?	Che te ne pare (inf.)? / Che gliene pare (f.)?
Me avise se houver alguma mudança.	Avvisami (inf.) / Mi avvisi (f.) se c'è qualche cambiamento.
Se por algum motivo você/o senhor não puder, me dê uma ligada.	Se per qualche motivo non potessi / potesse, fammi / mi faccia uno squillo.

A biografia / La scheda personale

Tenho [34] anos.	Ho [34] anni.
Sou [arquiteto].	Sono [architetto].
Moro em [São Paulo].	Abito a [San Paolo].
...mas eu nasci em [Belo Horizonte].	...ma sono nato a [Belo Horizonte].
Eu nasci em [1967].	Sono nato nel [1967].
Eu nasci em [Belo Horizonte].	Sono nato a [Belo Horizonte].

Eu sou [da Bahia].	Sono [di Bahia].
Eu cresci em [Porto Alegre].	Sono cresciuto a [Porto Alegre].
Passei a maior parte da infância em...	Ho passato gran parte dell'infanzia a...
Passava(mos) as férias de verão em...	Passavo/Passavamo le ferie estive a...
Meus pais são/eram de [Fortaleza].	I miei (genitori) sono/erano di [Fortaleza].
Quando eu tinha [12], nós nos mudamos para...	Quando avevo [dodici] anni, ci siamo trasferiti a...
Eu sou de uma família grande/pequena.	Io sono di una famiglia grande/piccola.
Meus pais eram muito rígidos.	I miei (genitori) erano molto severi.
Meus pais nos deixavam fazer quase tudo o que queríamos.	I miei (genitori) ci lasciavano fare quasi tutto quello che volevamo.
Era/Fui mimado.	Ero/Sono stato viziato/coccolato.
Cresci num bairro [relativamente] nobre/simples.	Sono cresciuto in un quartiere [relativamente] nobile/povero.
Fui criado numa família muito [católica].	Sono stato allevato in una famiglia molto [cattolica].
Eu sou de uma família [relativamente] simples/rica.	Vengo da una famiglia [relativamente] povera/ricca.
Meus pais eram bem de vida.	I miei (genitori) godevano di una vita agiata.
Não foi muito fácil.	Non è stato molto facile.
Tínhamos que batalhar muito.	Avevamo da lottare molto.
Tivemos uma vida dura.	Abbiamo avuto una vita dura.
Fui bom aluno.	Sono stato un buon alunno.
Não ia muito bem na escola.	Non andavo troppo bene a scuola.
Depois da escola, eu costumava...	Dopo la scuola, ero solito...
Só me metia em encrenca.	Mi mettevo sempre nei pasticci.
Fui um bom menino.	Sono stato un bravo ragazzo.
Meu pai deixou minha mãe quando eu era pequeno.	Mio padre ha lasciato mia madre quando ero piccolo.
Fui criado pela minha mãe/pelo meu pai.	Sono stato allevato da mia madre / mio padre.
Meus pais são separados.	I miei (genitori) sono separati.

Acho que puxei a meu pai/minha mãe.	Credo che somiglio a mio padre / mia madre.
Eu fiz faculdade na Unesp.	Ho studiato all Unesp
Me formei em [Economia].	Mi sono laureato in [Economia e commercio].
Também fiz cursos em...	Ho anche frequentato i corsi di...
Depois da faculdade, eu...	Dopo l'università, ...
Fui morar sozinho...	Sono andato a vivere da solo...
Me mudei da casa dos meus pais quando tinha [25] anos.	Ho lasciato casa dei miei quando avevo [venticinque] anni.
Conheci meu marido/minha esposa enquanto eu...	Ho conosciuto mio marito / mia moglie mentre...
Temos ____ anos de casados.	Siamo sposati da ____ anni.
Sou casado/a.	Sono sposato/a.
Tenho um filho/uma filha de [2] anos.	Ho un figlio / una figlia de [due] anni.
Tenho [2] filhos.	Ho [due] figli.
Nunca me casei.	Non mi sono mai sposato.
Nunca fui casado.	Non sono mai stato sposato.
Não achei a pessoa certa ainda.	Non ho ancora trovato la persona giusta.
Já fui casado duas vezes.	Sono già stato sposato due volte.
Consegui meu primeiro emprego aos [21] anos.	Ho ottenuto il mio primo lavoro a [ventuno] anni d'età.
Trabalhei como [secretária] na [ABC Ltda.].	Ho lavorato come [segretaria] alla [ABC Ltda.].

Chamadas telefônicas — Chiamate telefoniche

Os hábitos "telefônicos", brasileiros e italianos, são substancialmente iguais, a partir do *alô* ou *pronto* para atender; de fato, em italiano se diz *pronto*. Mas, para se despedir, um simples *ciao*, *Ci sentiamo* (*A gente se fala*) na Itália é mais frequente do que *Un bacio* (*Um beijo*) ou *Un abbraccio* (*Um abraço*). Para se identificar ao telefone, coloca-se o verbo na primeira pessoa (*Sono*, *Sou*), em vez de na terceira como no Brasil.

Para ligar da Itália, veja o Apêndice 3 na página 179.

Ligando	**Chiamando (Telefonando)**
Oi, gostaria de falar com [Silvia], por favor.	Ciao (inf.) / Buon giorno (f.), vorrei parlare con [Silvia], per favore.
Oi, [a Silvia] está?	Ciao (inf.) / Buon giorno (f.), c'è [Silvia]?
Aqui é [o Pedro].	Sono [Pedro].
Sou um amigo dela/dele.	Sono un suo amico.
Trabalho com ela/ele.	Lavoro con lei/lui.
Oi, é o [Pedro].	Ciao (inf.) / Buon giorno (f.), sono [Pedro].
Você/O senhor está ocupado?	Sei / È occupato?
Você/O senhor está podendo falar?	Puoi / Può parlare?
Tentei ligar antes, mas...	Ho provato a chiamare prima, ma...
...ninguém atendeu.	...nessuno ha risposto.
...acho que você/o senhor não estava.	...credo che tu non c'eri / lei non c'era.
...estava ocupado.	...era occupato.
...só dava ocupado.	...dava sempre occupato.
...caiu na secretária eletrônica.	...è scattata la segreteria telefonica.
...caiu na caixa postal.	...è scattata la casella vocale.
Você/O senhor recebeu meu recado?	Hai / Ha ricevuto il mio messaggio?
Atendendo	**Rispondendo**
Alô?	Pronto?
Quem está falando?	Chi parla?
É ele/ela.	Sono io.

Durante a ligação

Durante la chiamata
Veja também 'Coisas que se falam quando as pessoas se encontram' na página 157.

Oi [Pedro]. Que bom que você ligou.	Ciao [Pedro]. Che piacere sentirti.
Recebi seu recado, obrigado.	Ho ricevuto il tuo (inf.) / suo (f.) messaggio, grazie.
Ah, que bom. Estava esperando sua ligação.	Ah, che bello. Stavo aspettando la tua (inf.) / sua (f.) chiamata.
Me aguarda um segundinho? Eu tenho que...	Mi aspetti (inf.) / aspetta (f.) un secondo? Devo...
Só um segundo. Tem alguém na outra linha.	Solo un secondo. C'è qualcuno sull'altra linea.
Dá para me ouvir bem?	Mi senti (inf.) / sente (f.) bene?
Posso ligar para você/o senhor de volta?	Posso richiamarti / richiamarla?
Quer que eu te/lhe ligue de volta?	Vuoi che ti richiami? (inf.) / Vuole che la richiami? (f.)
Essa ligação vai sair muito cara para você/o senhor.	Questa chiamata ti / le costerà una fortuna.
Estou no meio de um negócio aqui. (Posso ligar para você/o senhor mais tarde?)	Sono preso da una faccenda qui. (Posso chiamarti / chiamarla più tardi?)
Olha, eu tenho que ir agora. Eu...	Senti (inf.) / Senta (f.), adesso devo andare. Io...
Eu já ligo para você/o senhor.	Ti richiamo / La richiamo subito.
Qual é seu número mesmo?	Qual è il tuo (inf.) / il suo (f.) numero?

Problemas durante a ligação

Problemi durante la telefonata

Me desculpe, caiu a linha.	Scusami (inf.) / Mi scusi (f.), è caduta la linea.
Essa ligação está péssima.	La linea è pessima.
Eu estou ouvindo você/o senhor muito mal.	Ti sento / La sento molto male.
Estou ouvindo um eco.	Sento un'eco.

Terminando

Finendo

Preciso desligar.	Devo chiudere.
Então tá bom...	Allora, va bene...
Gostei de falar com você/o senhor.	Mi ha fatto piacere parlare con te / lei.
Vamos marcar alguma coisa.	Dobbiamo organizzare qualcosa.

Um beijo./Um abraço.	Un bacio. / Un abbraccio.
Até mais.	A presto.
Tchau.	Ciao.

Deixando recado — Lasciando un messaggio

Você/O senhor pode pedir para ele/ela ligar para [Pedro]?	Puoi/Può dirgli/dirle di chiamare [Pedro]?
Você/O senhor pode avisá-lo/la que...	Puoi/Può avvisarlo/la che...
(Ele) pode me encontrar...	Può incontrarmi...
Se eu não estiver, é para tentar no...	Se non dovessi esserci, prova (inf.) / provi (f.) al...
Acho que ele/ela tem meu telefone, (mas em todo caso é...)	Credo che lui/lei abbia il mio telefono, (ma in tutti i casi è...)

Deixando um recado na secretária eletrônica — Lasciando un messaggio nella segreteria telefonica

Neste diálogo é sempre usado o tratamento informal por "tu"

Oi, aqui é o [Pedro].	Ciao, sono [Pedro].
Que pena que eu não te encontrei.	Peccato non averti trovato.
Que desencontro!	Non ci siamo beccati!
Você está fugindo de mim.	Stai fuggendo da me.
Que difícil falar com você.	È difficile parlare con te!
Bom, acho que você ainda está [no trabalho].	Va bene, devi essere ancora [al lavoro].
Só liguei para...	Ho chiamato solo...
Só retornando...	Sto solo richiamando...
Bom,.../Enfim,...	Va bene, .../Dunque,...
Me ligue quando você puder.	Chiamami quando puoi.
Pode me ligar em casa/no trabalho/no celular.	Puoi chiamarmi a casa/al lavoro/al cellulare.
Caso você não tenha meu número, é...	Nel caso non avessi il mio numero, è...
Então, espero poder falar com você mais tarde.	Allora, spero di poter parlare con te più tardi.
Vou tentar ligar mais tarde.	Provo a chiamarti più tardi.
Até mais.	A presto.
Um abraço./Um beijo.	Un abbraccio. / Un bacio.
Tchau.	Ciao.

Anotando um recado	Annotando un messaggio
Você/O senhor quer deixar recado?	Vuoi / Vuole lasciare un messaggio?
Só um instante. Vou pegar uma caneta.	Un attimo. Vado a prendere una penna.
Pronto. Pode falar.	Pronto. Di' (inf.) / Dica (f.) pure.
Deixe-me ver se entendi...	Vediamo se ho capito....
Tudo bem. Eu dou o recado para ele/ela.	Benissimo. Gli / Le riferirò il messaggio.
Tudo bem. Eu digo a ele/ela que você/o senhor ligou.	Benissimo. Gli / Le dico che hai / ha chiamato.

Saudações na secretária eletrônica	Messaggi di risposta nella segreteria telefonica
Oi, você ligou para [Pedro].	Risponde la segreteria telefonica di [Pedro].
Neste momento não posso atender.	In questo momento non posso rispondere.
Por favor, deixe seu nome e telefone.	Lasci (f.) per favore il suo nome e numero.
Por favor, deixe seu nome, número e hora de chamada.	Lasci (f.) per favore il suo nome, numero e ora di chiamata.
Retornarei a ligação assim que possível.	Richiamerò appena possibile.

Mais expressões sobre ligações	Altre espressioni a proposito di chiamate/telefonate
Ele/Ela desligou na minha cara.	Lui / Lei mi ha chiuso il telefono in faccia.
Só dá ocupado.	Dà sempre occupato.
Ele/Ela me deixou aguardando.	Lui / Lei mi ha lasciato in attesa.
Caiu a linha.	È caduta la linea.
Deixei recado.	Ho lasciato un messaggio.
Caiu na secretária/caixa postal.	È scattata la segreteria / la casella vocale.
Ele/Ela me pôs no viva-voz.	Lui / Lei mi ha messo in viva voce.
Eu atendo.	Aspetto.
Deixa tocar.	Lascia squillare.
Não está dando sinal de discagem.	Non sta dando segnali di digitazione.

Compreendendo Capendo

Quando não entendeu	Quando non hai capito
Desculpe, não entendi.	Scusami (inf.) / Mi scusi (f.), non ho capito.
Não sei se entendi.	Non so se ho capito.
Como assim?	Come?
Ah, desculpe. Eu entendi (tudo) errado.	Scusami (inf.) / Mi scusi (f.). Ho frainteso (tutto).
Ah, tá! Eu tinha entendido...	Ah, sì! Avevo capito bene...
Me desculpe. Você/O senhor me confundiu.	Scusami (inf.) / Mi scusi (f.). Mi hai / ha fatto confondere.
Me desculpe. Estou devagar hoje.	Scusami (inf.). / Mi scusi (f.). Oggi sono lento.
Me desculpe. Sou meio devagar.	Scusami (inf.) / Mi scusi (f.). Sono mezzo lento.

Confirmando se entendeu	Verificando se hai capito
Tá, então...	Va bene, allora...
Ou seja...	In altre parole...
Você/O senhor quer dizer que...	Vuoi / Vuole dire che...?
Deixe eu ver se entendi...	Lasciami (inf.) / Mi lasci (f.) vedere se ho capito...
É isso?	È così?

Confirmando se o ouvinte entendeu	Verificando se l'interlocutore ha capito
Sabe?/Entende?	Capisci (inf.) / Capisce (f.)?
Você/O senhor está me entendendo?	Mi stai / sta capendo?
Você/O senhor me entendeu?	Mi hai / ha capito?
Você/O senhor entendeu o que eu quis dizer?	Hai / Ha capito cosa voglio dire?
Acho que não estou sendo muito claro.	Forse non mi sto spiegando bene.

Paquerando / Provandoci

Você está muito bonita/o.	Sei (inf.) / È (f.) molto carina/o.
Gostei desse [vestido].	Bello questo [vestito].
Você tem um sorriso bonito.	Hai (inf.) / Ha (f.) un bel sorriso.
Você deveria sorrir mais.	Dovresti (inf.) / Dovrebbe (f.) sorridere di più.
Você sabe quem você me lembra um pouco? [A Monica Bellucci.]	Sai (inf.) / Sa (f.) chi mi ricorda un poco? [Monica Bellucci.]
Alguém já lhe disse que você se parece um pouco com [Chico Buarque]?	Qualcuno ti (inf.) / le (f.) ha già detto che si rassomiglia un poco a [Chico Buarque]?
Qual é o seu signo?	Qual è il tuo (inf.) / suo (f.) segno?
Você tem namorado/a?	Sei (inf.) / È (f.) fidanzato/a?
Não acredito que você não tem namorado/a.	Non ci credo che non hai (inf.) il ragazzo / la ragazza.
Você vem sempre aqui?	Vieni (inf.) / Viene (f.) sempre qui?
Vamos dançar?	Balliamo?
Você quer ir para outro lugar?	Vuoi (inf.) / Vuole (f.) andare in un altro posto?
Está um pouco barulhento/cheio aqui.	È un poco rumoroso / affollato qui.
Posso ligar para você?	Posso chiamarti (inf.) / chiamarla (f.)?
Nós poderíamos sair.	Potremmo uscire insieme.
Você tem um bom papo.	È piacerole parlare con te (inf.)/lei (f.).
Eu gosto de conversar com você.	Mi piace parlare con te (inf.) / Lei (f.).
Quando eu posso ver você de novo?	Quando possiamo vederci di nuovo?
Vou querer ver você de novo.	Vorrei vederti (inf.) / vederla (f.) ancora.
Adoraria ver você de novo.	Mi piacerebbe molto vederti (inf.) / vederla (f.) ancora.
Espero que possamos nos ver de novo.	Spero che possiamo vederci ancora.
Você me parece ser uma pessoa muito especial.	Mi sembri (inf.) / Mi sembra (f.) una persona molto speciale.
Você me atrai.	Tu (inf.) / Lei (f.) mi attrae.
Você deve ouvir muito isso.	Devi (inf.) / Deve (f.) sentirselo dire spesso.

Como dizer um endereço de e-mail em italiano
Come dire un indirizzo e-mail in italiano

O endereço é ricardo moreira	L'indirizzo è ricardo moreira...
...uma palavra só	...tutto attaccato
...tudo minúscula	...tutto minuscolo
...tudo maiúscula	...tutto maiuscolo
arroba...	chiocciola...
...ponto	...punto
...barra	...slash/sbarra
...traço	...trattino

Falando do seu italiano e de outros idiomas
Parlando del suo italiano e di altre lingue

Eu falo ____ fluentemente.	Io parlo ____ correntemente.
Peço desculpas pelo meu italiano.	Chiedo scusa per il mio italiano.
Meu italiano está um pouco enferrujado.	Il mio italiano è un poco arrugginito.
Eu sou bilíngue em ____ e ____.	Sono bilingue di ____ e ____.
Tenho alguns conhecimentos de ____.	Ho qualche conoscenza di ____.
Eu falo um pouco de ____.	Parlo un po' di ____.
Eu me viro em ____.	Mi arrangio in ____.
Em espanhol, eu praticamente só falo...	In spagnolo, so solo dire...
Eu sei ____ em francês.	Io so ____ in francese.
Eu sei usar inglês na maioria das situações (comerciais).	So usare l'Inglese nella maggior parte delle situazioni (di lavoro).
Falo bem alemão.	Parlo bene il tedesco.
Já me falaram que tenho um sotaque bom.	Mi hanno già detto che ho un buon accento.
Eu entendo mais do que falo.	Capisco più di quanto non parli.
Não sou exatamente fluente, mas sei...	Non ho una parlata molto fluente, ma so...
Sei que tenho sotaque.	So che si sente il mio accento.

Apêndice 1
Appendice 1

Sintomas e doenças | Sintomi e malattie

amigdalite	tonsillite
artrite	artrite
asma	asma
bronquite	bronchite
cólica menstrual	colica mestruale
cólica renal	colica renale
diarreia	diarrea
dor de barriga	mal di pancia
dor de cabeça	mal di testa
dor de dente	mal di denti
dor de estômago	mal di stomaco
dor de garganta	mal di gola
dor de ouvido	mal d'orecchi
dor nas costas	mal di schiena
febre alta	febbre alta
gases	flatulenza; gas nello stomaco e nell'intestino
gripe	influenza
hérnia	ernia
hérnia de disco	ernia al disco
otite	otite
pneumonia	polmonite

resfriado	raffreddore
tosse	tosse
um pouco de febre	un po' di febbre
varicela, catapora	varicella
Estou com [febre].	Ho la [febbre].
[dor de barriga].	il [mal di pancia].
etc.	ecc.
A [cabeça] está doendo.	Mi sta facendo male la [testa].
Os [dentes] estão doendo.	Mi stanno facendo male i [denti].
etc.	Ecc.

Apêndice 2
Appendice 2

Achados e perdidos — Oggetti trovati e smarriti

Com tanta correria, estresse e alegria é normal que você esqueça de alguma coisa. O ideal para evitar essa desagradável eventualidade é sempre carregar o necessário, e o mais valioso deve ser deixado no hotel, quando não em casa.

PALAVRAS-CHAVE	PAROLE-CHIAVE
perdi...	ho perso...
carteira	portafoglio
chave	chiave
câmera	macchina fotografica
mala	valigia
sacola, bolsa	borsa
grande	grande
pequeno	piccolo

Quem perdeu	Chi ha perso/smarrito
Deixei minha [máquina] aqui (esta tarde).	Ho lasciato la mia [macchina fotografica] qui (questo pomeriggio).
Acho que eu deixei [no assento].	Credo di averla lasciata [sulla poltrona].
Posso deixar meu telefone/meus dados, caso o/a encontrem?	Posso lasciare il mio telefono/i miei dati, nel caso lo/la incontraste?

A pessoa que atende seu pedido	La persona a cui ti rivolgi
Está bem, vou checar.	Va bene, controllo.
Quando foi que a perdeu?	Quand'è che l'ha persa?
Como ela é?	Com'è fatta?
De que cor é?	Di che colore è?
Que marca é?	Di che marca è?
Quando esteve com ela pela última vez?	Quando ce l'aveva con lei l'ultima volta?
Mais algum detalhe?	Qualche altro dettaglio?
Quer deixar algum telefone para contato?	Vuole lasciare un telefono per contattarla?

Apêndice 3
Appendice 3

Ligando da Itália   Chiamando dall'Italia

Para ligar da Itália para o Brasil, o método mais fácil e barato é comprar cartões internacionais nas bancas de jornal ou, ainda, em algumas casas lotéricas com o símbolo "SuperEnalotto", que imprimem na hora. Em ambos os casos, o valor de €5 já dá para falar uma média de 100 minutos, de fixo para fixo, dependendo também do estado e da cidade de destino. Outro tipo de ligação (de orelhão para fixo, de celular para fixo etc.) pode ter uma contagem de tempo inferior.

É só seguir as instruções indicadas no verso destes cartões, que são iguais em todo o mundo!

Miniglossário

cabina	orelhão
carta/scheda telefonica internazionale	cartão telefônico internacional
chiamare	ligar
codice PIN	código PIN
digitare	discar
estero	exterior
fisso	fixo
mobile	telefone móvel
numero verde	número gratuito (0800)
occupato	ocupado
prefisso	prefixo
scadenza	vencimento do prazo

Comprando um cartão telefônico na banca de jornal	**Comprando una scheda telefonica in edicola**
Oi, tem um cartão telefônico para ligar para América do Sul?	Buon giorno / Buona sera, ha una carta/scheda telefonica per chiamare il Sudamerica?
De [5] euros, por favor.	Da [5] euro, per favore.
Este está ótimo, obrigado.	Questa va benissimo, grazie.

Apêndice 4
Appendice 4

Meses, estações, dias, números e horas
Mesi, stagioni, giorni, numeri e ore

Seguem algumas, coordenadas cronológicas sempre úteis para "se orientar" melhor durante a sua estadia na Itália.

Os nomes dos meses são fáceis de entender...

gennaio	**febbraio**	**marzo**
aprile	**maggio**	**giugno**
luglio	**agosto**	**settembre**
ottobre	**novembre**	**dicembre**

... lembrando sempre que as estações são invertidas.

inverno	de 21 de dezembro a 20 de março
primavera	de 21 de março a 20 de junho
estate	de 21 de junho a 20 de setembro
autunno	de 21 de setembro a 20 de dezembro

Já os nomes dos dias se parecem com as outras línguas neolatinas e germânicas:

lunedì	segunda-feira
martedì	terça-feira
mercoledì	quarta-feira
giovedì	quinta-feira
venerdì	sexta-feira
sabato	sábado
domenica	domingo

Os números cardinais até 20:

1 **uno**	6 **sei**	11 **undici**	16 **sedici**
2 **due**	7 **sette**	12 **dodici**	17 **diciassette**
3 **trè**	8 **otto**	13 **tredici**	18 **diciotto**
4 **quattro**	9 **nove**	14 **quattordici**	19 **diciannove**
5 **cinque**	10 **dieci**	15 **quindici**	20 **venti**

E as dezenas:

30 **trenta**	50 **cinquanta**	70 **settanta**	90 **novanta**
40 **quaranta**	60 **sessanta**	80 **ottanta**	100 **cento**

Para continuar a contar é fácil:

de 20 a 30	**ventuno, ventidue, ventitrè, ventiquattro, venticinque, ventisei, ventisette, ventotto, ventinove, trenta**
31, 32, 33	**trentuno, trentadue, trentatrè...**
de 100 em 100	**cento, duecento, trecento, quattrocento, cinquecento, seicento, settecento, ottocento, novecento**
110, 111	**centodieci, centoundici...**
122, 123	**centoventidue, centoventitre...**
154, 155	**centocinquantaquattro, centocinquantacinque...**
1000	**mille**
1001, 110, 120	**milleuno, millecento, milleventi...**
2000, 3000, 4521	**duemila, tremila, quattromilacinquecentoventuno...**

Que horas são? Che ore sono?*

às 14:00 h	**le due (le quattordici)**
às 16:15 h	**le quattro e *un quarto* (le sedici e quindici)**
às 17:20 h	**le cinque e venti (le diciassette e venti)**
às 18:30 h	**le sei e *mezza* (le diciotto e trenta)**
às 19:40 h	**le sette e quaranta / le otto *meno* venti (le diciannove e quaranta)**
às 19:45 h	**le sette e quarantacinque / le otto *meno un quarto* (le diciannove e quarantacinque)**
às 19:50 h	**le otto *meno* dieci (le diciannove e cinquanta)**
às 19:55 h	**le otto *meno* cinque (le diciannove e cinquantacinque)**
às 12:00 h	**è mezzogiorno**
às 00:00 h	**è mezzanotte**

---

*Registro informal e (formal).

Apêndice 5
Appendice 5

O Euro

Veja a seguir as várias cédulas e moedas do Euro.

Apêndice 5 · 187